ପରିକ୍ରମା

ପରିକ୍ରମା

ଜଗନ୍ନାଥ ପ୍ରସାଦ ଦାସ

BLACK EAGLE BOOKS
2019

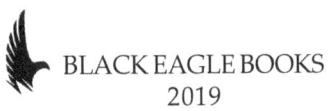

 BLACK EAGLE BOOKS
7464 Wisdom Lane
Dublin, OH 43016
E-mail: info@blackeaglebooks.org
Website: www.blackeaglebooks.org

First International Edition Published by
BLACK EAGLE BOOKS, 2019

Parikrama
by Jagannath Prasad Das

Copyright © **Jagannath Prasad Das**

All rights reserved. No part of this publication may be reproduced, stored in a retrieval system, or transmitted, in any form or by any means, electronic, mechanical, photocopying, recording or otherwise without the prior permission of the publisher.

Cover & Interior Design: Ezy's Publication

ISBN- 978-1-64560-031-2 (Paperback)

Printed in United States of America

ସୂଚୀପତ୍ର

ପାରି	....	୯
ଘରକରଣା	....	୧୧
କବିତାର ଅର୍ଥ	....	୧୪
ଆବାହନ	....	୧୮
ଡାଫୋଡ଼ିଲ	....	୨୦
ଘରଚଟିଆ	....	୨୨
ପର୍ଯ୍ୟଟକ	....	୨୫
ପରାପର	....	୨୮
ସ୍ମୃତିଜୀବୀ	....	୩୦
ପତ୍ରାଳାପ	....	୩୩
ପୁରୁଣା କବିତା	....	୩୫
ଅତୀନ୍ଦ୍ରିୟ	....	୩୮
ଶୀତରାତି	....	୪୦
ଏଭଳି ଯଦି	....	୪୨
ଘର ବାହାର	....	୪୪

ସାପେକ୍ଷ	....	୪୭
କେତେ ଦିନ ପରେ	....	୪୯
ଭଙ୍ଗା ଖେଳନା	....	୫୨
ପିତୃପକ୍ଷ	....	୫୪
ପାଟେରୀ	....	୫୬
ମହାନଗର	....	୫୯
ଫେରା	....	୬୧
ଦେହରକ୍ଷୀ	....	୬୪
ଆମେ ଦୁହେଁ	....	୬୬
ସାଧ୍ୟାତୀତ	....	୬୯
ଏକାନ୍ତ	....	୭୧
ଦ୍ୱୀପ ନାହିଁ	....	୭୩
ମୁକ୍ତ ଛନ୍ଦ	....	୭୫
କଳା ଦର୍ଶନ	....	୭୭
କିଛି ଖରାବେଳେ	....	୭୯

ପାରି

ମୁହାଣ ଉପରେ ପହଞ୍ଚିବା ପରେ
ନାଉରିଆ ଆହୁଲାକୁ ଉଠାଇ ରଖିଦିଏ
ଯଦିଓ ଆଖି ଆଗରେ ଲମ୍ବି ଯାଇଥାଏ
କାହିଁ କେତେ ଅଜଣା ସମୁଦ୍ରର
ହାତ ଠାରି ଡାକୁଥିବା ବିସ୍ମୟମାନ

ଅସଂପୂର୍ଣ୍ଣ କାନଭାସ ଉପରେ
ଅପର୍ଯ୍ୟାପ୍ତ ଖାଲି ଜାଗା ରହିଥାଏ
ତୁଳୀ ମୂନରେ ଥାଏ ଆହୁରି ଅନେକ
ବିଚିତ୍ର ଆକାଶର ସମ୍ଭାବନା
ତଥାପି ଚିତ୍ରକର ଯାଇ
ବାରମ୍ବାର ନିଜକୁ ହଜାଇ ଦିଏ
ଏଇମାତ୍ର ଆଙ୍କିଥିବା ମେଘର ଘନିଷ୍ଠତାରେ

ଶେଷ ପଂକ୍ତିଟି ଲେଖିସାରିବା ପରେ
ନିଜର ଭାବନାକୁ ବନ୍ଧ କରିନିଏ କବି
ବର୍ଣ୍ଣମାଳାରୁ ଅନେକ ଶବ୍ଦ ଯଦିଓ
ଖାଲି କାଗଜ ଉପରେ ଉଡ଼ି ବୁଲୁଥାନ୍ତି
ନୂଆ ନୂଆ ଶୃଙ୍ଖଳାର ପ୍ରତ୍ୟାଶା ନେଇ

ସୂର୍ଯ୍ୟର କୌଣସି ଦିନରାତି ନାହିଁ
ସମୟ ଉଦାର ହୋଇ ଦେଖାଇଦିଏ
ଆରମ୍ଭ ଓ ଶେଷହୀନ ବିକଳ୍ପମାନ
ରାଶି ରାଶି ରିକ୍ତତା ଭିତରୁ
ଯାହା ମିଳେ ତାକୁ ହିଁ ଆଦରି ନିଏ ମନ
ଆଶାବାଦୀ କହେ ଏହା ହିଁ ଉପଲବ୍ଧି

ଜୀବନ ଦୌଡ଼ ପ୍ରତିଯୋଗିତା ନୁହେଁ
ତଥାପି କିଏ ଜିତିଲା ବୋଲି
ପଚରାଯାଇଥାଏ ଅଜ୍ଞାନତାରୁ
ଯଦିଓ ସମସ୍ତଙ୍କୁ ଜଣାଥାଏ ଯେ
ଏ ପ୍ରଶ୍ନର କୌଣସି ସଠିକ ଉତ୍ତର ନାହିଁ

■

ଘରକରଣା

ଅନ୍ୟମନସ୍କ ଚୁଲି ଉପରୁ
ସ୍ୱପ୍ନ ସବୁ ଉତୁରି ପଡ଼ନ୍ତି
ଝରକା ବାହାରୁ ବିଷଣ୍ଣତା ଆସି
ଆଉ କିଛି ଅନ୍ଧାର ଲିପିଦେଇ ଯାଏ
ରଂଗଛଡ଼ା ବୟସର କାନ୍ଥ ଉପରେ
ନିଆଁର ନାଚୁଥିବା ଛାଇ
ଖୋପମାନଙ୍କରେ ସଂପାଦି ରଖିଥିବା
କେତେଦିନର ଆଶା ଭରସାକୁ
ନିମେଷକରେ ଯାଇ ଲିଭାଇଦିଏ

ଆଉ କିଛି ଶୋରଶବ୍ଦ ନାହିଁ
ଆଖି ଆନମନା ହୋଇ ରହିଥାଏ
ଟକମକ ଫୁଟୁଥିବା ଡେକଚି ଉପରେ
କାନ ଡେରିଥାଏ ପାଖ କୋଠରୀରେ
ରୋଗୀର କଣ୍ଠାଗ୍ରତ ଶ୍ୱାସ ପ୍ରଶ୍ୱାସକୁ
ହାତର ଚଟୁ ଉପରେ ଛିଟିକି ପଡ଼େ
ପୁରୁଣା ଅବସାଦର ମଉଳା ଝୁଲ

ଛାତି ଭିତରେ ଛଟପଟ ହେଉଥିବା
ଆଜିର ଉଚ୍ଚାଟ ସବୁକୁ ଆସି
ଆଉଟିଦିଏ କାଲିର କଲବଲ

ମୁଣ୍ଡ ଉପରେ ମାଡ଼ି ମାଡ଼ି ପଡ଼େ
ତେଲ ଲୁଣର ଲାଞ୍ଛନା
କେବେ ବି ସଂକଳ୍ପ ନ ଥିବା
ସଂସାର ଆସି ଲଦି ହୋଇଯାଏ
ଦିନ ଶେଷର ଥକା ଦେହ ଉପରେ
ମରିବାକୁ ବି ଆଉ ଡର ନ ଥାଏ
ଅଲଣା ଜୀବନର ଅଲୋଡ଼ା ପହର
ଘାଣ୍ଟି ହେଉଥାଏ ସକାଳୁ ସଂଜର ହାଉଯାଉରେ

ପରଦେଶରେ ଥିବା ପିଲାଙ୍କ ପାଖରୁ
ଅକାଳ ସକାଳ ଚିଠି ଆଉ ଆସେ ନାହିଁ
ପରିଜନଙ୍କ ମୁହଁ ଝାପ୍‌ସା ହୋଇଯାଏ
ପୁରୁଣା ଦର୍ପଣର କୋଚଟ କାଚରେ
ଆଖିରେ ଆଉ ଲୁହ ନ ଥାଏ
ତେବେ ବି ଝୁରିବାର ଦିନ ସରେ ନାହିଁ
ଛାତିର ନିଶ୍ୱାସରେ ବସା ବାନ୍ଧିଥିବା
କାହିଁ କେତେ ଦିନର ଅସ୍ଥିର ଅଳନ୍ଧୁ
ଅନ୍ଧାର କରିଦିଏ ଅନ୍ତସ୍ଥଳର ଚଉଦିଗକୁ

ବାକି ଦିନମାନଙ୍କର କଳନା କଲାବେଳେ
ବୁଡ଼ି ଯାଉଥିବା ବେଳମାନଙ୍କ ବ୍ୟତୀତ
ଆଗରେ ପଛରେ ଆଉ କିଛି ନ ଥାଏ

ରାତି ଛଟପଟ ହୋଇ କଡ଼ ଲେଉଟାଏ
ନିଦରେ ଶୋଇ ପଡୁଥିବା କାନ୍ଥର କଣରେ
ବତୀ ମିଂଜିମିଂଜି ହୋଇ ଜଳୁଥାଏ
ଆପଣା ଆଲୁଅ ପ୍ରତି ଅତି ଅରୁଚିରେ
ଭଙ୍ଗା ପାଣିକଳରୁ ଟୋପା ଟୋପା ଉଦାସ
ଟୁପଟାପ ପଡୁଥାଏ ଅଯଥା ବେଜାର ହୋଇ
ସାରା ଦିନର ଅଇଁଠା ବାସନ ଉପରେ

■

କବିତାର ଅର୍ଥ

ଅନେକେ ପଚାରିଥାନ୍ତି
କବିତାର ଅର୍ଥ ଓ ଅଭିପ୍ରାୟ କଣ
ଏପରିକି ସେମାନେ ବି
ଯେଉଁମାନେ କବିତାର ଧାର ଧାରନ୍ତି ନାହିଁ
କିନ୍ତୁ କେହି ବି ପଚାରେ ନାହିଁ
ସମୟର ସଂଜ୍ଞା କଣ
ପ୍ରେମର ପରିଭାଷା କଣ
ଅଥବା ଜୀବନର ତାତ୍ପର୍ଯ୍ୟ କିପରି

କେବେ କିଏ କହିଥିଲା ଯେ
କେହି ବି କବିତା ପଢ଼ନ୍ତି ନାହିଁ
ନା ମାଛବାଲା ନା ମୁଖ୍ୟମନ୍ତ୍ରୀ
ନା ପ୍ରକାଶକ ନା ବି ଅଧ୍ୟାପକ
ଏ କଥା ବି ଜଣା ଯେ ସେମାନେ
ଇନ୍ଦ୍ରଧନୁ ପ୍ରଜାପତି ଘାସଫୁଲ
ଡାହାଣିଆ ଖରା ଫୁଲସଂଜ
ଦକ୍ଷିଣା ପବନ ଭିଜା ମାଟି
ଟୁପୁର ଟାପର କିଚିରି ମିଚିରି
ଏମାନଙ୍କ ବିଷୟରେ ବି ସଂପୂର୍ଣ୍ଣ ଉଦାସୀନ

ଏ କଥା ମଧ୍ୟ ସୁପ୍ରତୀତ ଯେ
କବିତା ବିପ୍ଳବ ଆଣେ ନାହିଁ
ଭୋକିଲା ମୁହଁରେ ଭାତ ଦିଏ ନାହିଁ
କବିତା ରୋକି ପାରେ ନାହିଁ ପୁଲିସର ଗୁଳି
ଏପରିକି କବିତା ନୀତି ଶିକ୍ଷା ବି ଦିଏ ନାହିଁ
ତା ଯଦି ଲକ୍ଷ୍ୟ ହୋଇଥାନ୍ତା
କବି କଲମ ନୁହେଁ ବନ୍ଧୁକ ଧରି
ରାସ୍ତା ଉପରକୁ ଓହ୍ଲାଇ ଆସି
ହାତମୁଠା ଉଠାଇ ଚିତ୍କାର କରନ୍ତା
ଏବଂ କବିତା ନ ଲେଖି
ସେ ଲେଖିଥାନ୍ତା ନାରା ଓ ନୀତିକଥା

ପାଠକମାନେ ପ୍ରାୟଶଃ
କବିତା ପାଖକୁ ଯାଆନ୍ତି ନାହିଁ
ତଥାପି ତାକୁ ପଢ଼ନ୍ତି କିଛି ଚନ୍ଦ୍ରାହତ ଲୋକ
ପଢ଼ନ୍ତି ଏବଂ କବି ସହିତ ମିଶି
ସେମାନେ ବି କବିତାକୁ ତିଆରି କରନ୍ତି
ଓ ତାକୁ ଜୀବନ୍ୟାସ ଦିଅନ୍ତି
କବିତା କେବଳ ସେଇମାନଙ୍କ ପାଇଁ
ଯେଉଁମାନେ ଥରେ ପଢ଼ି ସାରିବା ପରେ
ତାକୁ ହୃଦୟଙ୍ଗମ ନ କରିବା ସତ୍ତ୍ୱେ
ସ୍ପର୍ଦ୍ଧା ରଖନ୍ତି ଆଉ ଥରେ ପଢ଼ିବାର
କବିତାର ଉପଲବ୍ଧି ସେତିକି
ଯାହା ଆଖିକୁ ଲଂଘି
ଅର୍ଥ ଓ ଅନର୍ଥମାନଙ୍କୁ ଡେଇଁ
ସିଧା ଚାଲିଯାଏ ମନ ଗହନକୁ
ଯିଏ ତାକୁ ଯେତିକି ବୁଝେ

ବ୍ୟଂଜନା ଓ ଦୁର୍ବୋଧତା ମଝିରେ
କବିତାର ଯଥାର୍ଥତା ସେତିକି ମାତ୍ର
ତା ବାହାରେ ଆଉ କିଛି ନୁହେଁ

କବିତା କିଛି ପ୍ରେମ ଭଳି
କିଛି ବି ସମୟ ଭଳି
ନିଜ ଭିତରେ ସ୍ୱୟଂସଂପୂର୍ଣ୍ଣ
କାହାରି ଠାରୁ କିଛି ମାଗେ ନାହିଁ
କୌଣସି ସଫଳତାର ଦାବୀ ନାହିଁ
ନିଜେ ନିଜର ସାଧନା ଓ ସିଦ୍ଧି
ନିଜେ ନିଜର ଆଧାର ଓ ଅବଧି
ନିଜେ ନିଜର ସମନ୍ୱୟ ଓ ସଂଗତି
କବି ସ୍ୱୟଂଭୂ ହୋଇ ତିଆରି କରେ
ନିଜେ ନିଜର ଅର୍ଥ ଓ ଦୁର୍ବୋଧ୍ୟତା

କବିତା ଥାଏ ଛନ୍ଦ ଅଳଂକାର ବାହାରେ
କବିତା ଥାଏ ଉପମା ଅନୁପ୍ରାସ ଶ୍ଳେଷ
ବିମ୍ବ ରୂପକ ଚିତ୍ରକଳ୍ପରୁ ସ୍ୱତନ୍ତ୍ର
କବିତା ଥାଏ ବନାନ ବ୍ୟାକରଣ
ଓ ବିରାମ ଚିହ୍ନରୁ ଊର୍ଦ୍ଧ୍ୱ
ସମୀକ୍ଷକ ସମାଲୋଚକ ଅଧ୍ୟାପକ
ତାତ୍ତ୍ୱିକ ଟୀକାକାର ବ୍ୟାଖ୍ୟାତାଙ୍କ
ଅଧିକାର ଓ ଆଧିପତ୍ୟରୁ ବିମୁକ୍ତ
କବିତା ଥାଏ ନିଜର ସ୍ୱାୟତ୍ତ ସାମ୍ରାଜ୍ୟରେ
ନିଜେ ନିଜର ସାର୍ବଭୌମ ସମ୍ରାଟ ହୋଇ
କବିତା ପାଖକୁ ଟାଣି ନିଏ
ବୁଝିବା ନ ବୁଝିବା ନିର୍ବିଶେଷ
କବିତା ପ୍ରଲୋଭିତ କରେ
ଦୁର୍ବିନୀତ ଶବ୍ଦମାନଙ୍କ ପାଖରେ

ବିନା ସର୍ତ୍ତ ଆତ୍ମ ସମର୍ପଣରେ
କବିତା ବାରମ୍ବାର ବାଧ୍ୟ କରେ
ଅବାକ ଆଖିକୁ ଆହୁରି ଥରେ
ପଛ ଧାଡ଼ିକୁ ଫେରିଯିବା ପାଇଁ

କେହି ସଚରାଚର କବିତା ପଢ଼ନ୍ତି ନାହିଁ
ଏପରିକି ସେ ବି ପଢ଼େ ନାହିଁ
ଯାହା ପାଇଁ କବିତାଟି ଲେଖା ହୋଇଥିଲା
ଏଥିରୁ ହୁଏତ ନିଷ୍କର୍ଷ ବାହାରିବ
ଯେ କବିତା ତା ହେଲେ କିଛି ବି ନୁହେଁ
ଏବଂ ଜୀବନ ପାଇଁ
ସଂପୂର୍ଣ୍ଣ ଅବାନ୍ତର କବିତା
ସେପରି ଭାବେ ଦେଖିବାକୁ ଗଲେ
ଜୀବନ ବି ତ ଆଉ କିଛି ନୁହେଁ
କେଉଁ ଅଜଣା କବିତାର ବୁଝି ହେଉ ନ ଥିବା
କେତୋଟି ଅର୍ଥହୀନ ପଂକ୍ତି ବ୍ୟତୀତ

■

ଆବାହନ

ତମେ ଆସ ନିଷିଦ୍ଧ ସ୍ୱପ୍ନ ହୋଇ
ମୋର ଚେତନାର ନାଭି କେନ୍ଦ୍ରକୁ
ମୁଁ ଆଖି ବନ୍ଦ କରିନେବା ପୂର୍ବରୁ

ମୁଁ ତମର ଧ୍ୟାନମନ୍ତ୍ରକୁ
ସ୍ମରଣରେ ଜାଗରିତ କରିବା ପୂର୍ବରୁ
ତମେ ସ୍ୱୟଂ ସଶରୀର ଆସି
ମୋ ଆଗରେ ମୂର୍ତ୍ତିମତୀ ହୋଇଯାଅ

ସ୍ୱାଗତର ସମସ୍ତ ଦ୍ୱାର
ଆପେଆପେ ଉନ୍ମୁକ୍ତ ହୋଇଯାନ୍ତୁ
ମୁଁ ତମର ଦେହର ଦେହଳୀରେ
ମୋର ବିଚଳିତ ପାଦକୁ ରଖିବା ଆଗରୁ

ତମର ଅଙ୍ଗ ଅଙ୍ଗରେ
ରୋମାଞ୍ଚର ତରଙ୍ଗ ଆସୁ
ମୁଁ ତମର ସମ୍ମୁଖୀନ ହେବା ପୂର୍ବରୁ
ମୋର ନିଶ୍ୱାସ ତମକୁ ଛୁଇଁବା ପୂର୍ବରୁ
ତମେ ଇନ୍ଦ୍ରିୟର ଦାହରେ ଦ୍ରବୀଭୂତ ହୋଇଯାଅ

ତମର ଛାତିର ଉଦଗ୍ର ଆଗ୍ରହ
କଠିନ କଠୋର ହୋଇଯାଉ
ମୋର ନିରଙ୍କୁଶ ହାତର ଶଂକାରେ
ତମର ଅଧରୋଷ୍ଠ ଉନ୍‌ମୋଚିତ ହୋଇଯାଉ
ମୋର ଜିହ୍ୱାଗ୍ରର ଅନ୍ୱେଷଣ ପୂର୍ବରୁ

ତମେ ଆସ ଇଚ୍ଛାର ଆର୍ଦ୍ରତାରେ
ପ୍ରତ୍ୟାଶାରେ କ୍ଲିନ୍ନ ଓ ପରିପ୍ଲୁତ ହୋଇ
ମତେ ଅନୁଗୃହୀତ କରିଦିଅ
ତମର ସମର୍ପଣର ବଦାନ୍ୟତାରେ
ତମକୁ କିଛି ବି ଯାଚନା କରିବା ପୂର୍ବରୁ

ତମେ ଆସ ସାବୟବ ଶକ୍ତି ହୋଇ
ସନ୍ତୋଷ ସଂକୁଳ ଶୁଭକ୍ଷଣମାନଙ୍କରେ
ଦେହର ପ୍ରୟୋଜନରେ ଅସ୍ଥିର ଓ ଉଚ୍ଚାଟ
ସମ୍ଭାବ୍ୟ ପରିତୃପ୍ତିର ଉଲ୍ଲାସରେ ଆକ୍ରାନ୍ତ
ତମେ ସର୍ବଥା ଭୀତତ୍ରସ୍ତ ହେଉଥାଅ
ସେଇ ସବୁ ସୁଖମାନଙ୍କର ଆତଙ୍କରେ
ଯାହା ଏ ପର୍ଯ୍ୟନ୍ତ ମୋର କଳ୍ପନାର ବହିର୍ଭୂତ

■

ଡାଫୋଡ଼ିଲ

କେହି ତାକୁ ଚର୍ମଚକ୍ଷୁରେ ଦେଖି ନ ଥାଏ
ନା ପାଠ ପଢ଼ାଉଥିବା ଶିକ୍ଷକ
ନା ନ ବୁଝି ପାରୁଥିବା ଛାତ୍ର
ନା ପଶ୍ଚିମାଭିମୁଖୀ ବିଦ୍ୱାନ
ତଥାପି ସମସ୍ତଙ୍କ ଅନ୍ତର୍ଦୃଷ୍ଟିକୁ
ମୁଗ୍ଧ ଚକିତ କରି ରଖିଥାଏ ଡାଫୋଡ଼ିଲ
ପବନରେ ଦୋଳୁଥିବା ନାଚୁଥିବା
ନିଜର ସୁନାରଙ୍ଗର ଔଦ୍ଧତ୍ୟରେ

ରାଜତ୍ୱ ଯଦିଓ ସରିଯାଏ
ଅଳ୍ପ ସମୟର ବସନ୍ତ ଭଳି
ଡାଫୋଡ଼ିଲ ମରିଯାଏ ନାହିଁ
ସାମ୍ରାଜ୍ୟ ଯଦିଓ ନିଃଶେଷ ହୋଇଯାଏ
ବର୍ଷା ଭଳି କାକର ଭଳି
ଡାଫୋଡ଼ିଲ ତଥାପି ଉଜ୍ଜ୍ୱଳ ରହିଥାଏ

ସାମ୍ରାଜ୍ୟବାଦର ସୁବର୍ଣ୍ଣ ଯୁଗରେ
ଯେଉଁଭଳି ଶୋଭନ ଓ ସତେଜ
ଉପନିବେଶର ଧ୍ୱଂସାବଶେଷରେ ବି
ସେତିକି ଅମ୍ଳାନ ରହିଥାଏ

ସାଂସ୍କୃତିକ ଅତିକ୍ରମଣର
ଅଧିକୃତ ଇଲାକାମାନଙ୍କରେ
ତାରା ଭଳି ଜଳୁଥାଏ ଡାଫୋଡ଼ିଲ

ମନର ଖୋଲା ଝରକାମାନଙ୍କ ଦେଇ
ଅର୍ବାଚୀନ ଦେଶ ବିଦେଶରୁ
ଅପସଂସ୍କୃତିର ଝଡ଼ ଧସି ଆସେ
ପାଦକୁ ଦୋହଲାଇ ଦେଇ
ଆମକୁ ଧରାଶାୟୀ କରିଦିଏ
ଆମର ନିଜତ୍ୱର କୋଠରୀ ଭିତରେ
ଡାଫୋଡ଼ିଲ ଆଗ ଭଳି ଚମକୁଥାଏ
ନିଜର ନିର୍ଲଜ୍ଜ ଅହଂକାରକୁ ନେଇ
ବୁଦ୍ଧିଜୀବୀମାନଙ୍କର ଦିବ୍ୟ ଚକ୍ଷୁରେ

■

ଘରଚଟିଆ

ସ୍ୱପ୍ନର ଅସ୍ପଷ୍ଟ ଇଲାକା ଭିତରୁ ବାହାରି
ମୁଁ ଯେତେବେଳେ ବାହାରକୁ ଅନାଏ
ଝରକାବନ୍ଧ ଉପରେ କେତେବେଳୁ ଆସି ବସିଥାଏ
ନିଶାନ୍ତର ଅଳ୍ପ ଅନ୍ଧାରରେ ତିଆରି ହୋଇଥିବା
ଆୟୁଷର ଜୀବନ୍ତ ଛାଇଟିଏ ଭଳି

ସକାଳର କୋମଳତାକୁ ଡେଣାରେ ନେଇ
ଡେଇଁ ବୁଲେ ମୋର ଚେତନାର ତତ୍ତ୍ୱର ସାରା
ଉଡ଼ିଯାଏ ମୋର ଇନ୍ଦ୍ରିୟମାନଙ୍କର ଶୂନ୍ୟକୁ
ମନର ଅନ୍ତରତମ ଏକାନ୍ତକୁ ଯାଇ
ଭୁଲି ଯାଇଥିବା ଅନ୍ତର୍ମୁଖୀ ଅନୁଭବମାନଙ୍କର
ଦିଗ୍‌ବଳୟମାନ ଖୋଲି ଖୋଲି ଦିଏ
ଅବସାଦର ଯେତେ ସବୁ ମଉଳା କୁଟାକାଠି
ଉଠାଇ ନେଇଯାଏ ନିରାଲୋକ କୋଣମାନଙ୍କରୁ

ଶୂନ୍ୟକୁ ଛୋଟଛୋଟ ପରିଧିରେ ଭାଗ କରି
ଆକାଶକୁ ମୋ ଆଖି ଆଗରେ ଖୋଲି ଧରେ
ଦୃଷ୍ଟିକୁ ଟାଣିନିଏ ଆଲୁଅ ଓ ଅନ୍ୱେଷାକୁ
ଥଣ୍ଟରେ ଧରିଥିବା ଗୋଟିଏ ମାତ୍ର କୁଟାରେ
ସ୍ପଷ୍ଟ ଭାବେ ସଂଚରିତ କରି ଦେଖାଇଦିଏ
ଭବିଷ୍ୟତର ଅତୁଟ ନକ୍‌ଶା ନକ୍ଷତ୍ର
ଘର ବାହାରକୁ ନେଇ ପରିଚୟ କରାଏ
ଅସମୟ ଋତୁର ପ୍ରକୋପରେ
ଧ୍ୱସ୍ତ ବିଧ୍ୱସ୍ତ ହୋଇଯାଇଥିବା
ନୀଳବର୍ଣ୍ଣର ସ୍ୱର୍ଣ୍ଣଘଟିତ ପୁନର୍ଜନ୍ମ ସହିତ
କିଚିରି ମିଚିରିରେ ଶୁଣାଇଯାଏ
ଏ ଭଳି ଅନ୍ତରଙ୍ଗ କଥା ସବୁ
ଯାହା କେବଳ ଲିଭି ଆସୁଥିବା ତାରାମାନେ
ବ୍ରାହ୍ମମୁହୂର୍ତ୍ତର ଆକାଶକୁ କହିଥାନ୍ତି

ଘର ଭିତରକୁ ପଶିଆସେ ଘରଚଟିଆ
କୋଠରୀରୁ କୋଠରୀ ଉଡ଼ିବୁଲି ଦେଖାଇଦିଏ
ଅଜଣାରୁ ଜଣା ଭୁଲାରୁ ଅଭୁଲା
ଅତୀତ ବର୍ତ୍ତମାନ ଘଟୁଥିବାରୁ ସମ୍ଭାବନାକୁ
ମୋ ବହିଥାକ ଭିତରୁ ଖୋଜି ବାହାର କରେ
ମୁଁ ଏ ପର୍ଯ୍ୟନ୍ତ ବୁଝିପାରି ନ ଥିବା ତତ୍ତ୍ୱମାନ
ଦର୍ପଣ ଭିତରେ ମତେ ଦେଖାଇ ଦିଏ
ମୋର ଆପଣାର ଅଜ୍ଞ ଜ୍ଞାତ ନିଜସ୍ୱକୁ
ରେଡ଼ିଓ ଭିତରୁ ମନ୍ଥନ କରି ଆଣେ
କେହି କେବେ କେଉଁଠାରେ ନ ଶୁଣିଥିବା ଗୀତକୁ

ଏବଂ ସବାଶେଷରେ ଯେପରି
ମତେ କୌଣସି ମହାମନ୍ତ୍ରର ଦୀକ୍ଷା ଦେବା ପାଇଁ
ସିଧା ଉଡ଼ିଯାଏ ଚଳନ୍ତା ପଂଖା ଭିତରକୁ
ଖସିପଡ଼େ ଦୁଃଖଦ ସ୍ମରଣର ଭଗ୍ନାଂଶ ହୋଇ
ମତେ ସଂପୂର୍ଣ୍ଣ ସ୍ୱପ୍ନମୁକ୍ତ କରିଦିଏ
କ୍ଷଣକରେ ମତେ ବୁଝାଇ ଦିଏ
ଝରକା ଦେଇ ଭିତରକୁ ପଶି ଆସୁଥିବା
ଜୀବନର ବୃହତ୍ତର ସତ୍ୟମାନଙ୍କୁ
ଚଟାଣ ଉପରେ ବିଞ୍ଛିହୋଇ ପଡ଼ିଥିବା
ପ୍ରାଂଜଳ ପାଦଟୀକାମାନ ଦେଇ

■

ପର୍ଯ୍ୟଟକ

ତମ ସହରରେ ମୋର ପ୍ରଥମ ସକାଳ
ଆଖି ଖୋଲି ମୁଁ ପାଖରେ ତମକୁ ଖୋଜେ
ଯଦିଓ ମତେ ଜଣା ଯେ କାହିଁ କେତେ ଦିନରୁ
ତମେ ଆଉ ଏ ସହରରେ ନାହଁ

ମୁଁ ତେଣୁ ଖୋଜିବି ତମର ସ୍ମାରକୀ ସବୁ
ମୁଁ ଓହ୍ଲାଇବି ସେଇ ପରିଚିତ ରାସ୍ତା ଉପରକୁ
ଯାହା ଉପରେ ତମେ ଦିନେ ପାଦ ରଖିଥିଲ
ମୁଁ ଦେଖିବି ଦି ପାଖର ଘରମାନଙ୍କୁ
ଏବେ ବି ସେମାନଙ୍କୁ ଉନ୍‌ମନା କରି ରଖିଥିବ
ତମର କେଉଁ ଦିନର ଅନ୍ୟମନସ୍କ ଦୃଷ୍ଟିପାତ
ମୁଁ ନାଲ ଛୁଇଁବି ପାର୍କର ସଜୀବ ସମ୍ଭିକୁ
ତମର କେବେକାର ସ୍ପର୍ଶରେ ଯାହା ଏବେ ବି ସବୁଜ

ତମକୁ ମନେ ରଖିଥିବା ଆକାଶରେ
ମୁଁ ଦେଖିବି ତମେ ସଜାଇ ରଖି ଯାଇଥିବା
ପୁଂଜୀଭୂତ ମେଘମାନଙ୍କର ଅନନ୍ୟ ବିନ୍ୟାସ

ଦୋକାନର ଥାକରେ ମୁଁ ଦେଖିବି ଶୂନ୍ୟସ୍ଥାନ
ଯାହା ତିଆରି ହୋଇଥିଲା
ତମେ କିଣି ନେଇଥିବା ଜିନିଷର ଅବର୍ତ୍ତମାନରେ
ଯେତେ ଶବ୍ଦ ମୋର ଶ୍ରୁତିକୁ ଆସିବ
ମୁଁ ଜାଣିବି ସେଥିରେ ନିହିତ ଥିବ
ତମ ଓଠକୁ ଛୁଇଁ ଆସିଥିବାର ଅସ୍ମିତା

ତମର ପାଦ ପଡ଼ିଥିବା ପ୍ରତ୍ୟେକଟି ଇଲାକା
ଗୋଟିଏ ଗୋଟିଏ ସ୍ୱତନ୍ତ୍ର ଦର୍ଶନୀୟ ସ୍ଥାନ
ମତେ ଗୋପନରେ ଡାକି ନେଇଯିବ
ତମ ଦେହରୁ ବିସ୍ମୃତ ଜ୍ୟୋତିରେ
ଆଲୋକିତ ହୋଇଯାଇଥିବା ଅନ୍ଧଗଳି
ମୁଁ ଯାଇ ସେଠାରେ ଆଶ୍ରୟ ଖୋଜିବି
ତମେ ଦିନେ ଆଉଜି ଥିବା କାନ୍ଥର ଆତ୍ମୀୟତାରେ
ମୋର ଅପରିପୂର୍ଣ୍ଣତାରୁ ମତେ ଉଦ୍ଧାର କରିବ
ସମସ୍ତ ପରିପାର୍ଶ୍ୱରେ ତମ ନିଶ୍ୱାସର ଉଷ୍ମତା
ପ୍ରତିଟି ଇନ୍ଦ୍ରିୟ ଦେଇ ମୁଁ ଆସ୍ୱାଦନ କରିବି
ପାଣି ପବନ ଧୂଳିକଣାରେ ତମର ଦେହର ସାରାଂଶ

ତମେ ଭରପୂର ରହିଥିବ ସହର ସାରା
ସମସ୍ତ ବାତାବରଣକୁ ଉଦାର କରିଦେଇ
ପାର୍କର ପତ୍ରପୁଷ୍ପରେ ତମର ସ୍ୱତଃସ୍ଫୁର୍ତ୍ତ ହସ
ସବୁ ନିସ୍ତବ୍‌ଧତାକୁ ମୁଖର କରି ଦେଉଥିବା
ତମର କଣ୍ଠଧ୍ୱନିର ଅବାଧ ଗୁଂଜନ
ମନ୍ଦିରର କାରୁକାର୍ଯ୍ୟରେ ତମ ଦେହର ସୌଷ୍ଠବ
ମିଉଜିଅମର ଶିଳାଲିପିରେ ତମର ହସ୍ତାକ୍ଷର
ସହରର ପ୍ରତିଟି ସାଧାରଣ ଘର ଏକ କୀର୍ତ୍ତିସ୍ତମ୍ଭ
ପ୍ରତିଟି ଅକିଞ୍ଚିତକର ଘଟଣାରେ ଐତିହାସିକତା

ତମେ କେବେ ଦିନେ ଏଠାରେ ଥିଲ
ଆଜି ତେଣୁ ସହରରେ କାହିଁ କେଉଁଠାରେ
ବିଶୃଙ୍ଖଳା ନାହିଁ ବିରୂପତା ନାହିଁ ଅସନ୍ତୋଷ ନାହିଁ
ପ୍ରତ୍ୟେକଟି ଖୋଲା ଦରଜାରେ ସ୍ୱାଗତ
ପ୍ରତିଟି ଅପରିଚିତ ମୁହଁରେ ପ୍ରୀତି ନିବେଦନ
ପ୍ରତିଟି ଆଗକୁ ବଢ଼ାଇ ଦେଇଥିବା ହାତରେ ବଂଧୁତ୍ୱ

ତମ ସହରରୁ ବିଦାୟ ନେବା ବେଳେ
ଶେଷ ସଂଜବେଳାର ଆନତ ଆଲୁଅରେ
ଜନ ସମାଗମକୁ ଅନାଇଲେ ମୁଁ ଦେଖିପାରିବି
ତମେ ଦିନେ ଯେଉଁ ଭଳି ଦେଖିଥିଲ
ସେମାନଙ୍କର ଆବିଷ୍ଟ ମୁହଁ ଉପରେ
ସମୟର ସଦିଚ୍ଛାରେ ସ୍ଥିର ହୋଇଯାଇଥିବା
ସୁଖଦ ସ୍ମରଣମାନଙ୍କର ଅପୂର୍ବ କୋମଳତା।

ପରାପର

ମୁଁ ମୋର ଦର୍ପଣ ଭିତରେ
ମୋ ପାଇଁ ଅପେକ୍ଷା କରି ରହିଥିବା
ସେଇ ଅଜଣା ଚେହେରା
ଯେ ସିଧା ସଳଖ ମୋ ଆଖିକୁ ଅନାଇ
ମତେ ତା'ର ଉଧାରର ହିସାବ ମାଗେ

ମୁଁ ହେଉଛି ମୁଁ ହିଂସା କରୁଥିବା
ସେଇ ଇର୍ଷାପରାୟଣ ଲୋକଟି
ଯାହା ସହିତ ବସ୍‌ରେ ଚଢ଼ି
ମୁଁ ପ୍ରତିଦିନ ଅଫିସକୁ ଯାଇଥାଏ

ମୁଁ ହେଉଛି ମୋର ତୁଚ୍ଛତାର ଦୈନ୍ୟ
ଯାହାକୁ ମୁଁ ବର୍ଷ ମାସ ଧରି
ବ୍ୟସ୍ତ ସମସ୍ତ ଛଳନାର ଦିନ ଶେଷରେ
କରୁଣାର ଆଖିରେ ଅନାଏ

ମୁଁ ମୋ ନିଜର ସଂପୂର୍ଣ୍ଣ ରିକ୍ତତା
ଯାହା ସବୁବେଳେ ଯୋଡ଼ିବାକୁ ଚାହୁଁଥାଏ
ମୋ ଭିତରେ ଥିବା ଅଭାବ ସବୁକୁ
ବାହାରେ ବିଞ୍ଛି ପଡ଼ିଥିବା ଅଭାବ ସହିତ

ମୁଁ ହେଉଛି ହାତରେ ଧରା ଦେଉ ନ ଥିବା
ସେଇ ଆଚମ୍ବିତ ସ୍ୱରବର୍ଣ୍ଣମାନ
ଯେଉଁମାନଙ୍କର ଅବର୍ତ୍ତମାନରେ
ମୋର ଶବ୍ଦମାନେ ମଉଳିଯାନ୍ତି

ମୁଁ ହେଉଛି ସେଇ ଆଦର୍ଶମାନଙ୍କର
ଅମୂର୍ତ୍ତ ରେଖାଚିତ୍ର
ମୋର ଚିହ୍ନିବାର ଚେଷ୍ଟାରେ
ଯାହାର ସ୍ୱରୂପ ବଦଳିଯାଏ

ମୁଁ ହେଉଛି ମୋହର ଦେହର ଅବସାଦରୁ
ଖସି ପଡୁଥିବା ଖଣ୍ଡଖଣ୍ଡ ଭଙ୍ଗୁରତା
ଯାହାକୁ ତଳୁ ଗୋଟାଇ ନେଇ
ମୁଁ ତିଆରି କରିବାରେ ଲାଗି ରହିଥାଏ
ମୋର ଆୟୁଷର ନଶ୍ୱର ନକ୍‌ଶାକୁ

ସର୍ବୋପରି ମୁଁ ହେଉଛି
ମୋର ପୂର୍ବପୁରୁଷମାନଙ୍କର
ପରମ୍ପରାର ସ୍ପର୍ଦ୍ଧା
ଯାହାର ଅସମ୍ଭବ ପ୍ରତ୍ୟାଶା
ମତେ କ୍ଳୀବ ଓ ସ୍ଥବିର କରିଦିଏ
ପିତୃପକ୍ଷର ଅନ୍ଧାର ରାସ୍ତାରେ

ସ୍ମୃତିଜୀବୀ

କାହିଁ କେତେ ଦିନର ପଛ କଥା ସବୁ
ପରଲୋକର ତଟସ୍ଥ ଅନ୍ଧାର ଭିତରୁ
ଅତର୍କିତ ବାହାରି ଆସି
ଲକ୍ଷ୍ୟଶୂନ୍ୟ ଭାବେ ଭାସି ବୁଲନ୍ତି
କିଛି ବି ଘଟୁ ନ ଥିବା ବର୍ତ୍ତମାନର
ଚିରନ୍ତନ ଗୋଧୂଳି ଆକାଶରେ

ଜନ୍ମାନ୍ତରର ନୀତି ନିୟମକୁ ନ ମାନି
ଅଯାଚିତ ଆଗନ୍ତୁକ ଭଳି ଆସନ୍ତି
ମରି ହଜି ଭୁଲି ଯାଇଥିବା
ପିଲାଦିନର ସଖା ଓ ସୋଦର
ସେମାନଙ୍କର ପୁରୁଣା ରାଗରୋଷ
ଅଭିମାନ ଈର୍ଷା ଭୁଲିଯାଇ
ନିର୍ଲିପ୍ତ ଭାବେ ଯା ଆସ କରନ୍ତି
ଅନ୍ତସ୍ଥଳର ଖାଲି କୋଠରୀମାନଙ୍କରେ

ମନସ୍ତାପର ଉତ୍ତପ୍ତ ମଧ୍ୟାହ୍ନ ଦେଇ
ସଜଳ ଆଶ୍ୱାସନାର ଦକ୍ଷିଣା ଚାଲିଯାଏ
ଉଦାସ କଳ୍ପଲୋକର ଚାପ ଉପରେ
ହସଖୁସିର ମେଳା ଲାଗିଯାଏ
ର୍ଘର ଶବ୍ଦମାନଙ୍କର ପାଉଁଶ ଭିତରୁ
ଫୁଟି ଉଠନ୍ତି କମନୀୟ ସୂକ୍ତ
ନିଃସ୍ୱନ ହାହାକାରର ଶୂନ୍ୟମଣ୍ଡଳରେ
ଦୋଳା ଖାନ୍ତି ଅଭାବିତ ଛନ୍ଦମାନେ

ଆଗରେ ସମୟ ପଛରେ ସମୟ
ଚେତନାହତ କାଳର କବଳରେ
ଘଣ୍ଟାର ହାତ ଅବଶ ହୋଇଯାଏ
କାନ୍ଥର ବିବର୍ଣ୍ଣ ଦିନପଂଜିକାରେ
ରଂଗୀନ ଅଙ୍କ ସବୁ ଖୋଜି ବୁଲନ୍ତି
ଗୋଟିଏ ଦିନରୁ ଅନ୍ୟ ଦିନକୁ
ଲୋକ ଭର୍ତ୍ତି ମଉଳା ଫଟୋଗ୍ରାଫର
ଚିହ୍ନି ହେଉ ନ ଥିବା ମୁହଁର ଭିଡ଼ରେ
ଅନଧିକାର ପ୍ରବେଶ କରନ୍ତି
ଆଉ କିଛି ଜଣା ଅଜଣା ଚେହେରା
ସେମାନଙ୍କ ସହିତ ଯୋଡ଼ି ହୋଇଯାଏ
ଆଉ କେବେ କେଉଁ ଠାରେ ଘଟିଥିବା
କାହାର କିଭଳି ଉପକଥା
ପୂର୍ବାପର ସତ୍ୟାସତ୍ୟ ମିଳିମିଶି
ଅନାୟାସ ଟାଣି ନେଇଯାନ୍ତି
ଏକ ଅଦ୍‌ଭୁତ ବାସ୍ତବତା ଆଡ଼କୁ
ଯେଉଁଠାରେ ଆନନ୍ଦ ଉତ୍ତେଜନା
ଅନାଗ୍ରହ ଶୋକ ସମ୍ବେଦନା
କେହି କାହାଠାରୁ ପୃଥକ ନୁହେଁ

ମନେ ପଡ଼ିବାର ଭଲମନ୍ଦ ଭୁଲ୍ ଠିକ
ସୁଖ ଦୁଃଖର ଭିନ୍ନତା ନାହିଁ
ଯାହା ସୁଖର ଅନୁକମ୍ପା
ତାହା ହିଁ ଦୁଃଖର ବିଡ଼ମ୍ବନା

ସ୍ମୃତିଜୀବୀ ବସି ରହିଥାଏ
ଅତୀତର ଧ୍ୱଂସସ୍ତୂପ ଉପରେ
ଅରାଜକ ମନର ବନ୍ଧନୀ ଭିତରୁ
ତଳକୁ ଓହ୍ଲାଇବା ସମ୍ଭବ ନୁହେଁ
ସେ ନିଶ୍ଚିତ ଜାଣେ ଯେ
ପଶ୍ଚାତ୍ ଚାରଣ ହେଉଛି ଜୀବନ
ସ୍ମରଣ ହିଁ ଚେତନା
ଚେତନା ହିଁ ଅସ୍ତିତ୍ୱ
ଏବଂ ଯେଉଁଠାରେ ସ୍ମରଣର ଶେଷ
ସେଇଠାରୁ ପରିଣତିର ଆରମ୍ଭ

ପତ୍ରାଳାପ

ଅକ୍ଷର ହାତରେ ଧରା ଦିଅନ୍ତି ନାହିଁ
ଚିଠି ଅଲେଖା ରହିଯାଏ
ମୁଁ ହାର ମାନି କଲମ ରଖିଦିଏ
ତମକୁ ଦେଇଥିବା ପ୍ରତିଶ୍ରୁତି ପାଖରେ

ମୋର ଆୟତ୍ତର ବାହାରେ ରହି
ମତେ ଉପହାସ କରେ ବର୍ଣ୍ଣମାଳା
ମୋର ଆଖପାଖରେ ଘୂରି ବୁଲି
ମତେ ଆସ୍ଫାଳନ କରି ଯାନ୍ତି ଶବ୍ଦମାନେ
ମୋର ଉଦଗ୍ର ଉନ୍ମାଦନା ସବୁ
ଲିପି ହୋଇ ଓହ୍ଲାଇ ଆସନ୍ତି ନାହିଁ
ସମ୍ମୋହିତ କାଗଜ ଉପରକୁ
ଅକ୍ଷରଙ୍କ ଅଦଉତିରେ ଅଣନିଶ୍ୱାସୀ
ଋଦ୍ଧିର ଜାଲରେ ଛଟପଟ
ମୁଁ ବସି ରହେ ବିପନ୍ନ ଓ ଅସହାୟ
ଆପଣାର ବିକ୍ଷୋଭର ବଶବର୍ତ୍ତୀ ହୋଇ

ମୁଁ ମାନିନିଏ ଶେଷ ଥର ପାଇଁ
ଅକ୍ଷର ଆଉ ଆସିବେ ନାହିଁ ମୋ ପାଖକୁ
ମୋର ଅନ୍ତରାତ୍ମାକୁ ପ୍ରତିବିମ୍ବିତ କରି
ମୁଁ ଆଉ ତମକୁ କହି ପାରିବି ନାହିଁ
ଯଥାଯଥ ଓ ଅଭ୍ରାନ୍ତ ଭାବେ
ଯାହାସବୁ ଯେଉଁଭଳି ଲେଖିବାକୁ ଚାହୁଁଥିଲି
ମୋର ବଶମ୍ବଦ ଶବ୍ଦାବଳୀକୁ ନେଇ

ତମର ଧୈର୍ଯ୍ୟହାନି ହେବା ପୂର୍ବରୁ
ମୁଁ ତେଣୁ ସନ୍ଧ୍ୟାର ଆକାଶକୁ ଅନାଇ
ମହାଶୂନ୍ୟରୁ ଦିଗ୍‌ଦର୍ଶନ ମାଗେ
ଖୋଜିନିଏ ତମ ପାଖରେ ପହଞ୍ଚିବାର ବିକଳ୍ପ
ତମେ ଯଦି ଏତେବେଳେ ଉପରକୁ ଅନାଅ
ତମେ ସେଠାରେ ଦେଖିପାରିବ
ମୁଁ ଲେଖିପାରି ନ ଥିବା ଚିଠିର ଶବ୍ଦମାନେ
ମୁଁ ଯେଉଁ ଭଳି କହିବାକୁ ଚାହୁଁଥିଲି
ଠିକ୍ ସେହି ବିନ୍ୟାସରେ ନିଜକୁ ସଜାଇ
ଦଳ ଦଳ ପକ୍ଷୀ ହୋଇ ଉଡ଼ି ଯାଉଥିବେ
ମେଘର ପ୍ରାଣ ପ୍ରାଚୁର୍ଯ୍ୟକୁ ଲଂଘି
ଇନ୍ଦ୍ରଧନୁର ବର୍ଣ୍ଣବହୁଳତାକୁ ଛୁଇଁ
ଆଖି ପାଉ ନ ଥିବା ଦିଗ୍‌ବଳୟ ଆଡ଼କୁ
ଯାହାର ଅଳସ ବିସ୍ତାର ଉପରେ
ତମେ ଶୋଇ ରହିଥିବ ମାନ କରି
ଅସ୍ତ ସୂର୍ଯ୍ୟ ଉପରେ ମଥାକୁ ରଖି

■

ପୁରୁଣା କବିତା

ଶବ୍ଦମାନେ ଯେତେବେଳେ
କଲମ ମୁନକୁ ଓହ୍ଲାଇବାକୁ ମନା କରିଦିଅନ୍ତି
ମନ ଅସହଯୋଗ କରିଦିଏ ସଂକଳ୍ପ ସହିତ
ଚିନ୍ତାକୁ ଆସେ ନାହିଁ ନୂଆ ରୂପକ ଓ ବିମ୍ବ
ଖାଲି କାଗଜ ହାତକୁ ଫେରାଇଦିଏ
କବି ଫେରିଯାଏ ହତାଶ ହୋଇ
ନିଜର ପୁରୁଣା କବିତାର ଆଶ୍ରୟକୁ
ସେଥିରୁ କିଛି ସ୍ମୃତି ସମ୍ବେଦନା
ଓ ଅନୁପ୍ରେରଣା ଖୋଜି

କାଗଜ ଉପରେ କିନ୍ତୁ
କବିତା ବଦଳରେ ମୁହଁ ଦେଖାଯାଏ
ଶବ୍ଦମାନେ ଆଖି ପାଲଟି
ଦୃଷ୍ଟିକୁ ଅଧିକାର କରି ନିଅନ୍ତି
ବିଭିନ୍ନ ମନସ୍ଥିତିର ଅନୁସ୍ମୃତି ଆସି
ଅସ୍ପଷ୍ଟ କରିଦିଅନ୍ତି ବର୍ଣ୍ଣମାଳାକୁ
ଅକ୍ଷରମାନେ ପୃଷ୍ଠା ସାରା ଖେଳି ବୁଲି

ଅର୍ଥହୀନ କରିଦିଅନ୍ତି ସମସ୍ତ ବିନ୍ୟାସକୁ
ପୁଣି ଥରେ ଏକନିଷ୍ଠ ହୋଇ
ପଂକ୍ତିମାନଙ୍କୁ ଅନୁଧ୍ୟାନ କଲେ
କିଛି ଶବ୍ଦରୁ ଯନ୍ତ୍ରଣା ବାହାରି ଆସନ୍ତି
କିଛି ଶବ୍ଦରୁ ଉଲ୍ଲାସ କିଛିରୁ ଅବସାଦ
ପୃଷ୍ଠାର ମୁହଁ ଉପରେ ଭାସିଯାଏ
ଏକାଧାରରେ ସୁଖଦୁଃଖ ଆଶା ନୈରାଶ୍ୟର
ବଦଳି ଯାଉଥିବା ରୂପରାଗର ଛାଇ

ଏଥରକ କାଗଜ ଭିତରୁ ବାହାରି
ଯେଉଁ ସାବୟବ ପ୍ରତିମୂର୍ତ୍ତି
ଆଗରେ ଆସି ଠିଆ ହୁଏ
ତାକୁ ଚିହ୍ନି ପାରେ ନାହିଁ କବି
ତା' ଆଖିରେ ଆଖି ରଖି
ପ୍ରହେଳୀ ଓ ଦୁରୂହତାରେ ଜଡ଼ି ହୋଇ
ସେ କବିଙ୍କୁ ଆହ୍ୱାନ ଦିଏ
ତା'ର ରହସ୍ୟ ଉନ୍ମୋଚନର

ଆହୁରି ମନୋଯୋଗିତାର ସହିତ
କାଗଜ ଉପରକୁ ଅନାଏ କବି
ବାରମ୍ବାର ପଢ଼େ ପ୍ରତିଟି ପଂକ୍ତିକୁ
ଶବ୍ଦମାନେ ସେଇଭଳି ରହିଥାନ୍ତି
ଆପଣାର ସ୍ୱତନ୍ତ୍ର ପରିଭାଷା ଖୋଜି
ପଂକ୍ତିମାନେ ନିଜକୁ ସଜାଡ଼ି ନିଅନ୍ତି
ପୃଥକ୍ ପରିଚୟର ଦାବୀରେ
ଯଦି କେଉଁ ମଧ୍ୟବର୍ତ୍ତୀ ପଂକ୍ତିର
କିଛି ବି ଅର୍ଥ ନଥାଏ।
ଆଉ କେଉଁ ପଂକ୍ତି ପ୍ରତିଥର
ନୂଆ ନୂଆ ଅର୍ଥ ଆଣିଦିଏ

ତାକୁ କିନ୍ତୁ ଆଉ ଥରେ ପଢ଼ିଲେ
ସବୁକିଛି ଅସମ୍ବଦ୍ଧ ହୋଇଯାଏ
ବୁଝିଥିବା ଅର୍ଥ ପୁଣି ହଜିଯାଏ

କବି ମାନିନିଏ ଯେ
କବିତା ଆଉ ତାର ଅଧୀନସ୍ଥ ନୁହେଁ
ସେମାନେ ଆଉ ନୁହନ୍ତି
ତାର ସୃଜନଶୀଳତାର ଉପଜୀବ୍ୟ
ସେମାନଙ୍କର ଏକ ସ୍ୱତନ୍ତ୍ର ଅବସ୍ଥିତି
ଯାହା ତାର ମନନର ବାହାରେ

ନିଜର ପୁରୁଣା କବିତା ଭିତରେ
ବାଟ ଭୁଲିଯାଏ କବି
ବ୍ୟଂଜନାର ଗୋଲକଧନ୍ଦାରେ ହଜିଯାଏ
ଭାବର ସମୁଦ୍ରରେ ଉବୁଟୁବୁ ହୁଏ
ରୂପକକୁ ଅବାକ ହୋଇ ଦେଖୁଥିବା ବେଳେ
ବିମ୍ବ ଆସି ଅନ୍ୟମନସ୍କ କରିଦିଏ
ଅନ୍ତିମ ପଂକ୍ତିର ପୂର୍ଣ୍ଣଚ୍ଛେଦ ପାଖରେ
ଶେଷରେ କ୍ଳାନ୍ତ ହୋଇ ପଡ଼ିଯାଏ କବି
ଅକ୍ଷର ବିବର୍ଜିତ ଶବ୍ଦ ଶୂନ୍ୟ
ଓ ଭାବଲେଶହୀନ ହୋଇ

■

ଅତୀନ୍ଦ୍ରିୟ

ମୋ ଆଖିରେ ଆଖି ରଖି
ତମେ ଦେଖି ପାରିବ
ମୋର କନୀନିକାର ଲୋଲୁପତାକୁ
କିନ୍ତୁ କେବେ ବି ଦେଖିପାରିବ ନାହିଁ
ମୋର ଦୃଷ୍ଟିର ଅନ୍ତରାଳରେ ଲୁକ୍କାୟିତ
ମୋର ଇଚ୍ଛାର ଆଧ୍ୟାତ୍ମିକତାକୁ

ମୋର ପ୍ରତିଟି ହୃତ୍‌ସ୍ପନ୍ଦନରେ
ତମେ କାନ ଦେଇ ଶୁଣିପାରିବ
ମୋର ଆତୁର କାକୁତି ମିନତି
କିନ୍ତୁ ତମର ଅଶୁଣା ରହିଯିବ
ମୋର ଅନ୍ତରାତ୍ମାର ଗଭୀରରୁ
ବିସ୍ଫୋରିତ ହୋଇ ବାହାରି ଥିବା
ଉଦ୍‌ବେଗର ଅପାପବିଦ୍ଧ ମୌନ

ତମେ ଆଘ୍ରାଣ କରିପାରିବ
ତମର ସନ୍ନିଧିର ଆନନ୍ଦ ଉତ୍ସବରେ
ମୋର ସମଗ୍ର ସତ୍ତାର
ରାସାୟନିକ ରୂପାନ୍ତରକୁ

କିନ୍ତୁ ତମେ ଅନ୍ତସ୍ଥ କରିପାରିବ ନାହିଁ
କସ୍ତୁରୀ ମୃଗ ଭଳି ଉର୍ଦ୍ଧ୍ୱଶ୍ୱାସ
ମୋର ଉନ୍‌ମାଦନାର ଫାଲ୍‌ଗୁନକୁ

ମୋର ଜିହ୍ୱାଗ୍ରର ଉତ୍ତେଜନାରେ
ତମେ ଆସ୍ୱାଦନ କରିପାରିବ
ମୋର ଏକାଗ୍ରତାର ନିର୍ଯ୍ୟାସ
କିନ୍ତୁ ତମର ଅଜ୍ଞାତ ରହିଯିବ
ମୁଖଗହ୍ୱରର ପରିତୃପ୍ତିରେ
ମୋର ଜଡ଼ତାର ନୈଷ୍ଠିକତା ସବୁ

ମତେ ଦେହଲଗ୍ନ କଲାବେଳେ
ତମେ ଅନୁଭବ କରିପାରିବ
ମୋର ଲୋମକୂପମାନଙ୍କରୁ ଛିଟିକି ପଡିଥିବା
ଜିଜୀବିଷାର ସ୍ଫୁଲିଙ୍ଗମାନଙ୍କୁ
ତମର ଦେହର ଉତ୍ତାପ କିନ୍ତୁ
କେବେହେଲେ କଳନା କରିପାରିବ ନାହିଁ
ମୋର ଧମନୀ ଶିରା ଉପଶିରାରେ
ଉତ୍‌ପ୍ଳାବିତ ହେଉଥିବା
ଶୀତଳ ସନ୍ତୋଷର ଦଶମ ଦଶାକୁ

■

ଶୀତରାତି

ରାସ୍ତାଘାଟରେ କେହି କୁଆଡ଼େ ନାହାନ୍ତି
ସମସ୍ତେ ନିଜ ନିଜ ନିବିଡ଼ ମନନର
ନିଘଞ୍ଚ କୋଠରୀମାନଙ୍କରେ ବନ୍ଦ

ଅନ୍ତରୀକ୍ଷର ନକ୍ଷତ୍ରପୁଂଜରେ
କିଛି ବି ହଲଚଲ ନାହିଁ
ଅନ୍ଧାରରୁ ଖସି ପଡୁଥିବା ଉଲ୍‌କା
ଅଟକି ଯାଇଛି ଅଧା ବାଟରେ

ପରଲୋକର ପର୍ଯ୍ୟଟନରୁ
ଫେରି ଆସିଥିବା ମୃତକ
ହସପିଟାଲ ଭିତରେ ହଜିଗଲା
ଆଦିମ କବିତାର ପଂକ୍ତି ମଝିରେ
ବାଟ ଭୁଲିଯାଇଥିବା ଲୋକଟି
ପ୍ରସ୍ତୁତ ହେଲା ଆତ୍ମହତ୍ୟା ପାଇଁ

ଦର୍ପଣରେ ପ୍ରତିବିମ୍ବ ଚାଲିଗଲା
ଗୁମ୍ଫା ଭିତରର ପ୍ରତିଧ୍ୱନିକୁ ଖୋଜି
ଦେବଦୂତମାନେ ନିଜ ନିଜର
ଛଦ୍ମବେଶ ଖୋଲି ରଖିଦେଲେ

ଜମାଟ ହେଉଥିବା ନିଷ୍କରୁଣ ଆକାଶର
ସାନ୍ଦ୍ରତା ଭିତରେ ବାଟ ନ ପାଇ
ଭିଖାରୀର ଭୁଲିଯାଇଥିବା ଭୋକ
ପୁଣି ତା ପାଖକୁ ଫେରି ଆସିଲା

ଗଛମାନେ ବାଛି ନେଲେ ସେମାନଙ୍କର
ଠିଆହୋଇ ରହିବାର ଠିକଣା
ନିଶାଚର ପକ୍ଷୀମାନେ ଦଳ ବାନ୍ଧି
ଦିବାସ୍ୱପ୍ନ ଭିତରକୁ ଉଡ଼ିଗଲେ

ବତୀଖୁଣ୍ଟରୁ ତଳେ ଖସିପଡ଼ିଥିବା
ଆଲୁଅର ଛୋଟ ଛୋଟ ଅଭିଳାଷଙ୍କୁ
ଦୂରାଗତ ପବନ ପୋଛି ନେଇ
ଫିଙ୍ଗିଦେଲା ନର୍ଦ୍ଦମା ଭିତରକୁ

କୁହୁଡ଼ି ଘେରା ଜହ୍ନ ଆଲୁଅ ଭଳି
ଅସଜଡ଼ା ଦେହଟିକୁ ନେଇ
ଝିଅଟି କଡ଼ ଲେଉଟାଇଲା
ଅଜଣା ଦ୍ୱୀପର ଅଜ୍ଞାତବାସରେ

■

ଏଭଳି ଯଦି

ଏଭଳି ଯଦି ହୁଅନ୍ତା
ମୁଁ ବନାଗ୍ନି ବିଷୟରେ କବିତା ଲେଖିଲେ
କାଗଜଟି ଜଳି ଉଠନ୍ତା
ଏବଂ ବର୍ଷାର କବିତା ଲେଖି
ମୁଁ ତାକୁ ଲିଭାଇବାକୁ ଚେଷ୍ଟା କରନ୍ତି

ମୋର ରାତିର ବର୍ଣ୍ଣନାରେ
ଅନ୍ଧାର ଓହ୍ଲାଇ ଆସନ୍ତା
ନିଜ ବିଷୟରେ ଲେଖିଲା ବେଳେ
ବୟସ ମତେ ଘେରିଯାନ୍ତା
ଭବିତବ୍ୟକୁ ମନେ ପକାଇଲେ
ତମେ ସାକାର ହୋଇଯାନ୍ତ

ମୁଁ ତମକୁ ଅଭିଷିକ୍ତ କରିଦିଅନ୍ତି
ମୋର କବିତାର ଶିରୋନାମାରେ
ତମର ହସ ଚିରସ୍ଥାୟୀ ରହିଯାନ୍ତା
କବିତାର ମଧ୍ୟମ ପଂକ୍ତିରେ ଥିବା
ଏକକ ଶବ୍ଦର ନିଭୃତରେ
ମୁଁ ତମର ଚାଲିଯିବାକୁ
ପ୍ରତିରୋଧ କରିପାରନ୍ତି
କବିତାର ଶେଷ ଛତ୍ରଟି
ଲେଖିବାକୁ ଅସ୍ୱୀକାର କରି ଦେଇ

ତମ ନାଁ ଚାରିପାଖେ
ସାବଲୀଳ ଶବ୍ଦମାନ ଖୋଜି
ମୁଁ ତିଆରି କରନ୍ତି ତମର ଦେହ ସୌଷ୍ଠବ
ତମେ ତାକୁ ଜୀବନ୍ୟାସ ଦେଇ ଦିଅନ୍ତ
ହଠାତ୍ ମନେ ପଡ଼ିବା ପଦଟିଏ ଭଳି
ମୋ ଆଡ଼କୁ ଅନାୟାସ ଅନାଇ

ଏଭଳି ଯଦି ହୁଅନ୍ତା
ମୁଁ ତମକୁ ନାଁ ଧରି ଡାକିବି
ଏବଂ ମୋର କବିତାର ନ୍ୟୁନତା ଭିତରୁ
ତମେ ବାହାରି ଆସିବ
ମୁଁ ଯେଉଁଭଳି ଭାବରେ
ତମକୁ ବର୍ଣ୍ଣନା କରିବାକୁ ଯାଇ
ସର୍ବଥା ଅସମର୍ଥ ହୋଇଥିଲି
ଠିକ୍ ସେହିଭଳି ରୂପ ସଂପନ୍ନ ହୋଇ

■

ଘର ବାହାର

୧

ଘର ଯେତେବେଳେ
ଆତ୍ମ ଚିନ୍ତନରେ କ୍ଳାନ୍ତ ହୋଇଯାଏ
ନିଜର ବିଶେଷ ଅଂଶମାନଙ୍କୁ
ଖୋଲି ରଖିଦିଏ
ଝରକା କବାଟ କରି

୨

କାନ୍ଥରେ ଦୁଆର ଖୋଲିବା ବେଳେ
ସ୍ଥିର କରିନେବାକୁ ହୁଏ
ତମେ ବାହାରକୁ ଯିବ
ନା ଭିତରକୁ ଆସିବ
ସେଥିରେ କବାଟ ଲଗାଇବା ଆଗରୁ
ବୁଝି ନେବାକୁ ପଡ଼େ
ଆସୁଥିବା ଲୋକର ରାସ୍ତା ବନ୍ଦ କରିବ
ନା ଭିତରେ ଥିବା ଲୋକକୁ
ବାହାରକୁ ଯିବାକୁ ଦେବନାହିଁ

୩

ଘର କେବେ ବି
ନିବୁଜ ହୋଇ ନ ପାରେ
ପର୍ଦ୍ଦାରେ ଅଟକାଇ ହୁଏ ନାହିଁ
କବାଟ ପଟାରେ ବନ୍ଦ କରି ହୁଏ ନାହିଁ
ଅନ୍ଧାର ଆଲୁଅ ଦୃଶ୍ୟ ଅଦୃଶ୍ୟ
ଚେତନା ଅବଚେତନା
ଯିବା ଆସିବା କରୁଥାନ୍ତି
କାନ୍ଥର ଅସ୍ୱଚ୍ଛତା ଦେଇ
ଝରକା ଦେଇ ପାଖର ଗଛ
ଭିତରକୁ ହାତ ବଢ଼ାଏ
ଆଖିର ପକ୍ଷୀ ଉଡ଼ିଯାଇ
ଦୂର ଗଛର ଡାଳରେ ବସେ

୪

କବାଟ ଓ ଝରକା ହିଁ ହେଉଛି
ଘରର ରହିଥିବାର ହେତୁ
ଜଳା ସବୁକୁ ଯଦି
ଇଟା ଚୂନ ଦେଇ
ବନ୍ଦ କରି ଦିଆଯାଏ
ଘରଟି ଭାଙ୍ଗି ପଡ଼ିବ
ନିଜର ଅବିଶ୍ୱାସର ଭାରରେ

୫
ଶେଷ ପର୍ଯ୍ୟନ୍ତ
କେବଳ ସେଇ ଘରଟି
ଠିଆ ହୋଇ ରହେ
ଯାହାର ଦ୍ୱାର ଓ ବାତାୟନକୁ
ସୁରକ୍ଷିତ କରିବା ପାଇଁ
କାନ୍ଥର ତିଆରି

ସାପେକ୍ଷ

କେହି ବି ସ୍ୱୟଂସଂପୂର୍ଣ୍ଣ ନୁହେଁ
ନିଜ ଭିତରେ କାହାରି ନିଜର ଅସ୍ତିତ୍ୱ ନାହିଁ
ଜଣେ ସବୁବେଳେ ନିର୍ଭର ଥାଏ
ଆଉ ଜଣକର ଚାହିଁବା ଉପରେ
ପଥର ଖୋଜେ ଶିଳ୍ପୀର ନିହାଣକୁ
ବଳିର ପଶୁ ଖୋଜେ ଯୂପକାଠ
ଅଧସ୍ତନ କର୍ମଚାରୀ ହାକିମଙ୍କ ଗାଳି
ଶହୀଦ ଅପେକ୍ଷା କରେ ବନ୍ଧୁକ ଗୁଳିକୁ

କବିତାର ପ୍ରଥମ ଶବ୍ଦଟି ଜାଣେ
ତାର ଉତ୍ପତ୍ତିର ହେତୁ ନିହିତ
ଶେଷ ପଂକ୍ତିର ଅପ୍ରତ୍ୟାଶିତ ବିଳୟରେ
ରାସ୍ତା ହରାଇ ଦେଇଥିବା ସ୍ୱର ଜାଣେ
ତାର ନିର୍ବାଣ ସଂଗୀତର ନିଃଶବ୍ଦରେ
ନିଜର ନିର୍ଦ୍ଧାରିତ ସ୍ଥାନରେ ଅଟଳ
ପାର୍ଶ୍ୱ ଦେବତାର ଧୈର୍ଯ୍ୟକୁ ପ୍ରମାଣ କରେ
ମନ୍ଦିର ଉପରୁ ଖସି ପଡୁଥିବା
ପଥର ଖଣ୍ଡର ଆତ୍ମବିସର୍ଜନ

ବିଦେଶରୁ ଆସିଥିବା ଚିଠି
ସିଦ୍ଧ ଓ ସାବ୍ୟସ୍ତ କରିଦିଏ
ପାରସ୍ପରିକ ଦୂରତ୍ୱର ସନ୍ନିଧାନକୁ

ଅନ୍ଧବିଶ୍ୱାସ ବହିର୍ଭୂତ
କେହି ବି ଈଶ୍ୱର ନ ଥାନ୍ତି
ଶୁଣିବା ବାହାରେ କୌଣସି ସ୍ୱର ନାହିଁ
କରପୁଟରେ ନିର୍ଭର ସ୍ତନର ସଂପୂର୍ଣ୍ଣତା
ଛାତି ବିନା ହାତର ଉପଲବ୍ଧି ନାହିଁ
ଅର୍ଥ ନିଜକୁ ବୁଝିବା ପାଇଁ
ଲାଗି ରହିଥାଏ ଶବ୍ଦର ପଛେ ପଛେ
ଆଖିର ପରିସରରେ ସୀମିତ ଥାଏ
ଦେହର ଅସାମାନ୍ୟ ଅଂଗରାଗ

ଭଲ ପାଇବାର ବାହାରେ
କୌଣସି ଜିଜୀବିଷା ନାହିଁ
ମରିଯିବାର ମହାନତା ବିନା
ବଞ୍ଚିବାର ଏକମାତ୍ର ପରିଚୟ
ନିଜର ସ୍ଥିତିର ତୁଚ୍ଛତା

■

କେତେ ଦିନ ପରେ

କେତେ ଦିନ ପରେ ଦେଖା
ଜୀବନ ଯାପନର ଗ୍ରହ ଓ ନକ୍ଷତ୍ରମାନେ
ଅନେକ ନୂଆ ନୂଆ ବିନ୍ୟାସରେ
ନିଜ ନିଜକୁ ସଜାଇ ନେଇଥାନ୍ତି
ଏଇ ସମୟର ଅବଧିରେ

ପୁରୁଣା ଚିଠି ବାରମ୍ବାର ପଢ଼ି
ପୁରୁଣା ସ୍ମୃତିର ରୋମନ୍ଥନ କରି
ଫଟୋଗ୍ରାଫକୁ ବାରମ୍ବାର ଛୁଇଁ
ବିତିଯାଇଥିବା ଦିନମାନଙ୍କର
ଅନୁଶୀଳନ ବିଶ୍ଳେଷଣ କରିବା ପରେ
ଏଥର ମନେ ହୁଏ ଯେପରିକି
ସେ ଆସିବ ସେ ସଂପୂର୍ଣ୍ଣ ଅଜଣା

ଆଉ ମନେ ନ ଥିବ ଠିକ୍ ଭାବେ
କିଏ କାହାକୁ କଣ କହିଥିଲା
କଣ ସବୁ ଘଟିଥିଲା
ଏବଂ କଣ ସବୁ ଘଟି ନ ଥିଲା

ଆମେ ପରସ୍ପରକୁ ଭେଟିବା
ଦୁହେଁ ଦୁହିଁଙ୍କର ଅପରିଚିତ
ପ୍ରଥମ ସାକ୍ଷାତରେ ଭାବିବାକୁ ହେବ
ସଂପର୍କକୁ କେଉଁ ଭଳି କେଉଁଠାରୁ
ପୁଣି ଥରେ ଯୋଡ଼ିବାକୁ ହେବ
ସେଇ ଶେଷଥର ପ୍ରତ୍ୟୟର ସହିତ
ହାତରେ ହାତକୁ ଧରିଥିବାରୁ
ନା ପୁଣି ଥରେ ସଂଭ୍ରମର ସହିତ
ନୂଆ ଆଳାପ ପରିଚୟରେ ସୀମିତ
ଆଖିରେ ଆଖିକୁ ସମର୍ପଣ କରି

ଯେତେ ନ ପାଇଥିବା ଚିଠି
ଯେତେ ଆସି ନ ଥିବା ଟେଲିଫୋନ୍
ସବୁଯାକ ନ ପାଇବାକୁ
ଆଂଜୁଳାରେ ନେଇନେବା ପରେ
ହାତରେ ମୋର ଜାଗା ନ ଥିବ
ଆଉ କିଛି ବି ଧରିବା ପାଇଁ

ଏତେ ଦିନ ଯାହା ସବୁ ହେଲା
ସେମାନଙ୍କର ଘଟିବାର
ଏକମାତ୍ର ହେତୁ ଓ ନିମିତ୍ତ ଥିଲା
ତାର ବିଶଦ ବିବରଣୀ ଦେବା
କିନ୍ତୁ ଏଇ ଦୀର୍ଘ ଅନ୍ତରାଳର
ତୁଚ୍ଛାତିତୁଚ୍ଛ ସାଧାରଣ ଘଟଣାମାନ
ଯାହା କହିବା ପାଇଁ ମନ ଭିତରେ
ଏତେ ଦିନ ସଯତ୍ନରେ ରଖା ହୋଇଥିଲା
କହିବି କହିବି ହୋଇ
ଶେଷରେ ଅକୁହା ରହିଯିବ

ଅନ୍ତରୀକ୍ଷରେ ଅଟକି ଯାଇଥିବା
ଆପେକ୍ଷିକ ସମୟ ଭିତରେ
ଆମର ଗ୍ରହମାନେ ଭାଗ୍ୟକୁ
ଏ ପାଖ ସେ ପାଖ କରି ଦେଇଥିବେ
ପୁଣି କେତେ ଦିନ ପରେ ଦେଖା ହେବ
କେଉଁ ଦେଶ କେଉଁ ନୂଆ କାଳରେ
ରାଶିପୁଂଜର କେଉଁ ପରିପାଟୀରେ
ତାହାରି ବିଚାର ବିବେଚନାରେ କଟିଯିବ
ସାକ୍ଷାତ୍‌କାରର ସଂକ୍ଷିପ୍ତ ସମୟ ସବୁ

ଭଙ୍ଗା ଖେଳନା

ବାକ୍ସ ଭିତରେ ପଡ଼ି ରହିଥାଏ
ଅତ୍ୟନ୍ତ ଅବିନ୍ୟସ୍ତ ଭାବରେ
ଫାଳେ ଭାଲୁ ଚଉଠେ ଠେକୁଆ
ରୁମ ନ ଥିବା କୁକୁର ଛୁଆ
ପେଟଫଟା ବେଙ୍ଗ ଡେଣାକଟା ପରୀ
ଏବଂ ଚାବି ଚାଲୁ ନ ଥିବା
ଅଥର୍ବ ସଖି କଣ୍ଢେଇ

ଭଙ୍ଗା ବାକ୍ସ ଭିତରର
ଓଲଟପାଲଟ ପୃଥିବୀରେ
ସମସ୍ତେ ପଙ୍ଗୁ ବିକଳାଙ୍ଗ
କାହାରି ଦେଖାରଖା ବିନା
ଅନାଦରରେ ପଡ଼ି ରହିଥାନ୍ତି
କବନ୍ଧ ଓ ଛିନ୍ନ ହସ୍ତ
ପଶୁପକ୍ଷୀ ପରୀ ଓ ପିତୁଳା
ଅଯତ୍ନର ଧୂଳିଧୂସରତା ଭିତରକୁ
ଆଉ ପଶିପାରେ ନାହିଁ
ରାତିର ଅନ୍ଧାରକୁ ଭେଦି ଯାଉଥିବା କାନ୍ଦ
ସକାଳକୁ ଆଲୁଅ କରି ଦେଉଥିବା ହସ

ଭଙ୍ଗା ଖେଳନାମାନେ ପଡ଼ି ରହିଥାନ୍ତି
ମୁହଁ ମାଡ଼ି ମନ ମାରି
ବିଷଣ୍ଣତାର ଅବତଳ ଭିତରୁ
ସେମାନଙ୍କୁ ଆଦରରେ ଉଠାଇ ନେବା ପାଇଁ
ସେଠାରେ ନ ଥାଏ ଦରୋଟି ହସ
ଅବୁଝା କାନ୍ଦ ଅଝଟ ରାହା

ସେଠାରେ ଏ ଯାଏ ସେମାନଙ୍କର
ବନ୍ଦ ହୋଇ ପଡ଼ି ରହିଥିବାର
ଏକମାତ୍ର ଯଥାର୍ଥତା
କେବେ ସେମାନଙ୍କୁ ଛାତିରେ ଧରିଥିବା
କୁନିକୁନି ଦିଓଟି ହାତ
ଯାହା ନିଜର ବୟସ୍କ ହେବାର ବିଧିରେ
ଭାଙ୍ଗିଥାଏ ସଜାଡୁଥାଏ
ଭାଙ୍ଗିବା ସଜାଡ଼ିବାରେ ଲାଗିଥାଏ
ଜୀବନର ଏକାଗ୍ର ଲୀଳାଖେଳାରେ
ନିଜର ବିଭିନ୍ନ ଅନୁଭବର
କ୍ଷଣଭଙ୍ଗୁର କ୍ରୀଡ଼ନକମାନଙ୍କୁ

■

ପିତୃପକ୍ଷ

ଆକାଶରେ ନୀଳ ଗାରଟିଏ ଟାଣି
ମାଛରଙ୍କା ରାସ୍ତା ଦେଖାଇ ଦିଏ
ରତରତ ବେଳ ଥାଉଥାଉ
ଚଲାବାଟର ମୋଡ଼ ଟପିଗଲେ
ବନ୍ଧ ସେ ପାଖରେ ଦେଖାଯାଏ
ହଠାତ୍ ସଂଜବେଳର ଗାଁ
ଆମ୍ବ ତୋଟାରୁ ବହିଆସୁଥିବା ସନ୍ଦେଶ
ଉଡ଼ାଇନିଏ ବୟସରୁ ବେଶ୍ କିଛି
ନଈ ଅତଡ଼ାରେ ଖସିପଡ଼େ
ସବୁ ଅଦରକାରୀ ମାନସଂଭ୍ରମ
ରାସ୍ତା ସରିବା ଆଗରୁ
ଅନ୍ଧାର ହୋଇଯିବା ଭୟରେ
ଆଗକୁ ପାଦ ବଢ଼ାଇଲେ
ହାତ ଖୋଜେ ମୁଠାଇ ଧରିବ
କେଉଁ ପରିଣତ ହାତର ଅବଲମ୍ବନକୁ

କାହିଁ କେତେ ଜନ୍ମର ମୃତ ଆତ୍ମାକୁ ଧରି
ନାଆଟି ଏ ପାରି ସେ ପାରି ହେଉଥାଏ
ଦୂର ପଠାର ଡାକବଚନ ଉପରେ
ଜେଜେ ବାପା ଶୋଇଥାନ୍ତି ନିଶ୍ଚିନ୍ତରେ
କାହାଣୀ ଶେଷରେ ଫୁଲଗଛଟି ମରିଗଲେ
ବୁଢ଼ୀ ମା ତାରା ହୋଇ ଆକାଶକୁ ଚାଲିଯାଏ
ମାଷ୍ଟ୍ରେ ପାରି ହୋଇଯାନ୍ତି
ତାଳବଣିଆର ତରାସକୁ
ମନେ ମନେ ମାନସାଙ୍କ ଆଉଡ଼ାଇ

ସଂଜକୁ ଆହୁରି ଅନ୍ଧାର କରିଦେଇ
ପଲପଲ ନିଶାଚର ଉଡ଼ିଯାନ୍ତି
ନଈତୁଠର ଝଂକା ବରଗଛରେ
ବାଦୁଡ଼ି ହୋଇ ଓହଳି ରହିଥାଏ
ଅଳ୍ପ ବୟସରେ ମରିଯାଇଥିବା
ପିଲାଦିନର ଅଭିନ୍ନ ହୃଦୟ ସାଙ୍ଗଟି
ଦୂରରୁ ଅଚିହ୍ନା ଡାକର ତାଗିଦା ଆସେ
ବାପାଙ୍କ କଣ୍ଠଉର ଶବ୍ଦ ଶୁଭେ
ଲିଭି ଆସୁଥିବା କିଆ ଗୋହିରୀରେ

ଗାଁ ମୁଣ୍ଡରେ ପହଞ୍ଚିଲା ବେଳକୁ
ଘରସବୁ ଢାଙ୍କି ହୋଇ ଯାଇଥାନ୍ତି
ଭାଗବତର ଗହନ ତତ୍ତ୍ୱରେ
ଆଲୁଅରେ ଆସି ଏବେ ଆଉ
ଅନ୍ଧାରରେ ଫେରିବା ସମ୍ଭବ ନୁହେଁ
ଘର ଖୋଜି ନ ପାଇବା ଭୟରେ
ତରତର ପାଦ ପକାଏ
ଶେଷଥର ପାଇଁ ଘରବାହୁଡ଼ା ଲୋକଟି

ମାଛି ଅନ୍ଧାରର ଗଳିକୁଂଚିରେ
ବାଟ ବଳାଇ ଦେବା ପାଇଁ
ଆଖ ପାଖରେ ଆଉ କେହି ନ ଥାନ୍ତି
କେବଳ ଚୁପଚାପ କୁକୁରଟିଏ
ତା' ପଛେ ପଛେ ଲାଗି ରହିଥାଏ
ପୂର୍ବପୁରୁଷଙ୍କର ବାକି ରହିଯାଇଥିବା
ପାଉଣା ସବୁକୁ ମନେ ପକାଇ ଦେଇ

■

ପାଚେରୀ

ତମେ ଯେତେବେଳେ ଭାବ ଯେ
ତାକୁ ସହଜରେ ଲଂଘି ଯାଇ ପାରିବ
ସେ ଆହୁରି ବଢ଼ିଯାଏ ଅସ୍ୱାଭାବିକ ଭାବେ
ଦୁଃସ୍ୱପ୍ନର ଅବଧି ଭଳି

ତମେ ଯେତେବେଳ ତାକୁ ଭାଙ୍ଗି
ତା'ଭିତରେ ଗୋଟିଏ ଦୁଆର ଖୋଲ
ଆଉ ପଟେ ଦେଖ ଯେ
ସେହିପରି ଆହୁରି ଗୋଟିଏ
ଅଲଂଘ୍ୟ ପାଚେରୀ ଠିଆ ହୋଇଥାଏ

ତମେ ଧସି ପଶିବାକୁ ଚେଷ୍ଟା କଲେ
ଇଟା ଚୂନ ପଥର ଓ ପରମ୍ପରା
ତମ ଉପରେ ଭାର ହୋଇ
ତମକୁ ପାଚେରୀର ଅଂଶ କରିଦିଅନ୍ତି

ପାଚେରୀକୁ ଦମନ କରିବାର
ଦୁଇଟି ମାତ୍ର ସରଳ ଉପାୟ

ତମେ ଅସରନ୍ତି ସମୟ ଯାଏ
ଧୈର୍ଯ୍ୟ ଧରି ବସି ରହ
ଯେ ପର୍ଯ୍ୟନ୍ତ ପାଚେରୀ ତମ ଆଗରେ
ଭାଙ୍ଗିରୁଜି ନଇଁ ନ ଯାଇଛି
ନଚେତ ଫେରିଯାଅ
ପାଚେରୀକୁ ପଛରେ ରଖି
ସହଜ ଭାବେ ଆଉ କେଉଁ
ଅପ୍ରତିହତ ବିକଳ୍ପ ଜୀବନ ଆଡ଼କୁ

ଯଦି କୌଣସି ଚମତ୍କାର ବଳରେ
ପାଚେରୀ ସବୁକୁ ଏଡ଼ାଇ
ତମେ ଆରପାଖରେ ପହଞ୍ଚିଯାଅ
ଅବିଳମ୍ବେ ଆବିଷ୍କାର କରିବ ଯେ
ତମେ ବର୍ତ୍ତମାନ ପହଞ୍ଚି ଯାଇଛ
ଏ ଭଳି ଏକ ଅଜଣା ଜାଗାରେ
ଯେଉଁଠାକୁ ତମେ
କେବେ ବି ଯିବାକୁ ଚାହିଁ ନ ଥିଲ

■

ମହାନଗର

ସକାଳୁ ସକାଳୁ ଖବରକାଗଜ ବାଲା
ଝରକା ଦେଇ ଭିତରକୁ ଫିଙ୍ଗିଦିଏ
ଚାରିଟି ହତ୍ୟା ଓ ତିନୋଟି ବଳାତ୍କାର

ଏଠାରେ ଆକାଶର ରଙ୍ଗ ବାରୁଦ
ପବନରେ ପୋଡ଼ା ପେଟ୍ରୋଲର ଗନ୍ଧ
ରାସ୍ତାକୁ ଓହ୍ଲାଇଲେ ଦୁର୍ଘଟଣା
ପଛଗଳିର ଉତ୍କଟ ଅନ୍ଧାର ଭିତରେ
ମୁଖା ପିନ୍ଧା ବସିଥାଏ ସନ୍ତ୍ରାସ
ଅଶ୍ଳୀଳତା ଚଢ଼ିଯାଏ ଝିଅଙ୍କ ବସ୍‌ରେ
ଜୋର କରି ହାତରେ ଛୁରୀ ଧରି

ଏଠାରେ କେହି କାହାରି ନୁହେଁ
ତଥାପି ପରସ୍ପରର ସମ୍ବନ୍ଧ ସବୁ
ଯୋଡ଼ା ହେଉଥାଏ ଭଙ୍ଗା ହେଉଥାଏ
କଳକବ୍‌ଜା ଭଳି ଜୀବନ ଚାଲିଥାଏ
ଅଫିସ ଦୋକାନ ବଜାରରେ
ରାସ୍ତାଘାଟରେ ଗଳିକନ୍ଦିରେ

ଭିଡ଼ ଭିତରେ କେହି ଅଟକି ରହେ ନାହିଁ
ଷଡ଼ଯନ୍ତ୍ରକାରୀମାନେ ବସି
ଇତିହାସକୁ ପୁଣି ଥରେ ଲେଖନ୍ତି

ତଥାପି ବସନ୍ତ ଆସେ ନିର୍ଦ୍ଦିଷ୍ଟ ସମୟରେ
ଗଳିରୁ ଗଳିକୁ ବାଟ ବାରିବାରି
ଶୀତଦିନ ଫୁଲର ପୋଷାକ ପିନ୍ଧେ
ରଙ୍ଗବେରଙ୍ଗ ବିଜ୍ଞାପନର ପଟଭୂମିରୁ
କେତେ ବର୍ଗଇଞ୍ଚର ଆକାଶ ଚମକେ
ବସ୍ ଭିତରୁ ଗୀତ ଉଛୁଳି ପଡ଼େ
ସଂଜ ହେଲେ ଧୂଆଁର କୁହୁଡ଼ି ଭିତରୁ
ନିଅନ ଆଲୁଅର ହସ ଫୁଟି ଉଠେ

ଉଡ଼ା ଖବର ଦଙ୍ଗାହଙ୍ଗାମା କର୍ଫ୍ୟୁ
ଚଢ଼ାଦର ଜନାରଣ୍ୟ ପ୍ରଦୂଷଣ ଭିତରେ
ରାସ୍ତାଘାଟର କୁଟିଳ ଛକାପଂଝାରେ
ତଥାପି ଜୀବନ ଚାଲିଥାଏ
ନିଜର ସ୍ୱୟଂଚାଳିତ ପ୍ରକ୍ରିୟାରେ
ରାସ୍ତା ଉପରେ ପଡ଼ି ରହିଥିବା
ଲୋକଟିର ଦୁଇପାଖ ଦେଇ
ସ୍ୱଚ୍ଛନ୍ଦରେ ଚାଲିଥାଏ ଟ୍ରାଫିକ
ଧଇଁସଇଁ ହୋଇ ସମସ୍ତେ ଧାଇଁଥାନ୍ତି
ନିଜର ପନ୍ଦର ମିନିଟର ପ୍ରସିଦ୍ଧି ପାଇଁ

■

ଫେରା

ରାତି ଫେରେ ସକାଳକୁ
କାହାରିକୁ ଖବର ନ ଦେଇ
ପୁରୁଣା ପାପ ଉଡ଼ି ଆସି ବସେ
ଭଙ୍ଗା ଚାଳର ମଥାନ ଉପରେ

ଆକାଶ ଫେରାଇ ଦିଏ ଶୋକକୁ
ମେଘ ଫେରିଆସେ ପଶ୍ଚାତ୍ତାପ ହୋଇ
ଭକ୍ତି ଫେରିଆସେ ଈଶ୍ୱରଙ୍କ ପାଖରୁ
ପରିତ୍ରାଣ ଫେରାଇଦିଏ ଇନ୍ଦ୍ରଲୋକ

ପାହାଚ ଫେରିଆସେ
ପୁଣି ଦୁଠ ପଥର ପାଖକୁ
ନିଜର ସୁକୃତିରେ ପରିତୃପ୍ତ
ଶୁଚି ଶୁଦ୍ଧ ଅତଳକୁ ଛୁଇଁ

କବିତାର ନଦୀ ଫେରିଆସନ୍ତି
ଭାବବିଳାସର ମୁହାଣ ପାଖରୁ
ନିଜ ଉତ୍ସର ଛନ୍ଦପତନ ଖୋଜି

ଅଜଣା ସମୁଦ୍ରର ଯାତ୍ରା ଶେଷରେ
ଯାଯାବର କବି ଫେରିଆସେ
ସଂଜବେଳର ପକ୍ଷୀ ଭଳି
ଆତ୍ମୀୟ ଆଖିର ନୀଡ଼ ଭିତରକୁ
ଦୁଇ ଦଣ୍ଡର ଶାନ୍ତି ପାଇଁ

ପୂର୍ବ ଜନ୍ମର ଋଣୀ ଫେରିଆସେ
ଫଳନ୍ତା ଗଛର ବଦାନ୍ୟତା ହୋଇ
କୁଳପୁରୁଷଙ୍କ ଆତ୍ମା
ପୁରୁଣା ପାଲିଙ୍କି ଚଢ଼ି ଆସେ
ଉତ୍ତରାଧିକାରୀ ସନ୍ଧାନ କରି

ଶ୍ୱେତବର୍ଣ୍ଣ ଫେରି ଆସେ
ଆପଣାର ଅନାବିଳ ଶୁଭ୍ରତାକୁ
ନିଜକୁ ବହୁବିଧ ରଙ୍ଗର କଳଙ୍କରେ
ବିକୀରଣ ବିତରଣ କରି

ପିଲାଦିନ ଫେରିଆସେ
ଜାକିଜୁକି ହୋଇ ଶୋଇଯାଏ
ବୁଢ଼ା ଲୋକର ଗହନ ନିଦ ଭିତରେ
କର୍ମଫଳ ଫେରି ଆସି
ଅସତର୍କ ମୁହୂର୍ତ୍ତମାନଙ୍କରେ
ବିବେକକୁ ଦଂଶନ କରେ
ମଲାଲୋକ ଫେରି ଆସନ୍ତି
ନିଜ ପାପପୁଣ୍ୟର ହିସାବ ଧରି
ଶିଶୁମାନଙ୍କର ସ୍ୱପ୍ନ ଭିତରକୁ

ନିଜର ଭଙ୍ଗାରୁଜା ଜୀବନକୁ
ସଜାଡ଼ିବାକୁ ଚାହୁଁଥିବା ଲୋକଟି
ଭଲଦିନର ଲେଉଟିବାକୁ
ଅନାଇ ବସି ରହିଥାଏ
ଆଗାମୀ ଦିନସବୁ କିନ୍ତୁ
କ୍ଷଣେ ବି ଅଟକି ରହନ୍ତି ନାହିଁ
ଅତୀତକୁ ଫେରିବା ବାଟରେ

ଦେହରକ୍ଷୀ

ତମେ ଶୋଇଥିବ ଆତପ୍ତ ମହାଦେଶ ଭଳି
ନିଜର ଆରଣ୍ୟକ ଅନ୍ଧାରରେ ଜଡ଼ି ହୋଇ
ଶ୍ୱାପଦ ସଂକୁଳ ରାତିର ସଂକଟରେ
ଯେତେବେଳେ ତମର ଦୁଃସ୍ୱପ୍ନ ଉପରେ
ତମେ ଅଧା ନିଦର କଡ଼ ଲେଉଟାଇବ
ଭୟାନକ ପଶୁମାନେ ମୁଣ୍ଡ ଟେକିବେ
ତମର ସୁଷୁପ୍ତିର ଅସ୍ଥିର ତଟଭୂମିରେ

ଏକ ନିଷ୍ପାପର ଦେହରକ୍ଷୀର
ସମସ୍ତ ଦାୟିତ୍ୱ ଓ ସତର୍କତା ନେଇ
ମୁଁ ସଜାଗ ରହି ଅନୁଭବ କରୁଥିବି
ନିଶାର୍ଦ୍ଧର ବିବର୍ତ୍ତମାନ ବିଭୀଷିକାକୁ
ମତେ ଉନ୍ନିଦ୍ର କରି ରଖିଥିବେ
ମୋର ଇଚ୍ଛାର ଉତ୍କଟ ସରୀସୃପମାନେ
ମୁଁ ତମକୁ ସୁରକ୍ଷିତ ରଖିଥିବି
ଦୃଷ୍ଟି ସୀମାର ନିରାପଦ ପରିଧି ଭିତରେ
ତମର ତନ୍ଦ୍ରା ଭିତରକୁ ଧସି ଆସୁଥିବା
ଜାନ୍ତବ ଅଭିଳାଷମାନଙ୍କର ଆକ୍ରମଣରୁ

ଯେତେବେଳେ ଅସମୟ ଝଡ଼ ଆସି
ବିଭ୍ରାନ୍ତ ବଜ୍ର ଓ ବିଜୁଳିରେ
ମୋର ଏକାଗ୍ରତାକୁ ଆନ୍ଦୋଳିତ କରିଯିବ
ମୋ ନିଜର ଦୁର୍ବଳତାରେ
ଭୟଭୀତ ହୋଇ ତମ ଆଡ଼କୁ
ଶରଣାକୁଳ ହାତ ବଢ଼ାଇଲେ
ତମେ ମତେ ଟାଣି ନେଇଯିବ
ଦେହର ନିରାପଦ ଅଭୟାରଣ୍ୟକୁ
ଆମର ଆଶ୍ରିତ ଓ ଆରକ୍ଷୀର ଭୂମିକାକୁ
ସଂପୂର୍ଣ୍ଣ ରୂପେ ବିପର୍ଯ୍ୟସ୍ତ କରିଦେଇ

ଆମେ ଦୁହେଁ

ମୁଁ ଯେତେବେଳେ ଘର ଭିତରେ
ଗହନ ନିଦରେ ଶୋଇଯାଏ
ସେ ଖରାତରା ନ ମାନି ଯାଇ ବୁଲୁଥାଏ
କେଉଁ ଅପନ୍ତରାର ସୀମା ସରହଦରେ
ମୁଁ ଯେତେବେଳେ ଏକାନ୍ତରେ ବସି
ନିଜର ଅନ୍ତର୍ଦାହରେ ଛଟପଟ ହେଉଥାଏ
ସେ ତାର ପଲ୍ଲବଗ୍ରାମୀ ବଂଧୁଙ୍କ ଗହଣରେ
ହସଖୁସିରେ ମଶଗୁଲ ରହିଥାଏ

ମୁଁ ତା ସହିତ ଯେଉଁ କଥାବାର୍ତ୍ତା କରେ
ତାର କୌଣସି ଆଦି ଅନ୍ତ ନ ଥାଏ
କାରଣ କାରକ ପ୍ରୟୋଜନ ବିନା
ଆମର ବାର୍ତ୍ତାଳାପ ଚାଲିଥାଏ ଅବିରାମ
କୌଣସି ନିଷ୍କର୍ଷ ନ ଥାଏ ସେଥିରେ
ସବୁ ଯଥାର୍ଥ୍ୟ ହଜି ଯାଇଥାଏ ଶବ୍ଦରେ

ଖୁସି ହେଲେ ସେ ମଜା କଥା କହେ
କିନ୍ତୁ ତା ଆଡ଼କୁ ବନ୍ଧୁତାର ହାତ ବଢ଼ାଇଲେ

ସେ ଅକାରଣ ମୁହଁ ବୁଲାଇ ନିଏ
କେବେ ଯଦି ଆଗ୍ରହରେ ମୋ ଆଡ଼କୁ ଦେଖେ
ପୁଣି କେବେ ସବୁ କିଛି ଅଶୁଣା କରିଦିଏ
ନିଜକୁ ନିଜ ଭିତରେ ବନ୍ଦ କରିନେଇ

କେବେ କେବେ ଆମେ ଦୁହେଁ
ଗୋଟିଏ ଟ୍ୟାକ୍ସିରେ ଚଢ଼ି
ସକାଳୁ ସକାଳୁ ବାହାରି ଯାଉ
ଆଉ ଗୋଟିଏ ନୂଆ ଦିନ ଆଡ଼କୁ
ମୁଁ ଟିକିଏ ଅନ୍ୟମନସ୍କ ହେଲେ
ରାସ୍ତାର ଲାଲ ବତୀ ପାଖରେ
ସେ କେତେବେଳେ ଓହ୍ଲାଇ ଚାଲିଯାଏ
ମତେ ଅଧା ରାସ୍ତାରେ ଛାଡ଼ି ଦେଇ
ଏକା ଯାଇ ଅଦୃଷ୍ଟକୁ ଭେଟିବାକୁ

ମୋ ସହିତ ମନମାନି କରି
ଦର୍ପଣ ଭିତରୁ ମୁହଁ ମୋଡ଼ିନିଏ
ପାଖ କୋଠରୀ ଭିତରେ ପଶି
ଭିତରୁ କବାଟ ବନ୍ଦ କରିଦିଏ
ପୁଣି ଛାଇ ଭଳି ଲାଗି ରହି
ପାଟିରୁ କଥା ଟାଣିନିଏ
ପାଦକୁ ଅନ୍ୟ ରାସ୍ତାରେ ପକାଏ
ସ୍ୱପ୍ନକୁ ନାରଖାର କରେ
କବିତାରୁ ଅର୍ଥ ବାହାର କରିନିଏ
ଆତୁର ହୋଇ ତାକୁ ଖୋଜିଲା ବେଳେ
ସେ କିନ୍ତୁ ମୋ ପାଖରେ ନ ଥାଏ
ମୁଁ ଯଦି କେବେ ତା' ବିରୁଦ୍ଧରେ
ଶତ୍ରୁତାର ହାତ ଉଠାଏ
ସେ ମୋର ଅଜଣା ଅଚିହ୍ନା ହୋଇଯାଏ

ଏବଂ ମୁଁ ପୂରାପୂରି ହାରିଯାଏ
ଯୁଦ୍ଧ ଆରମ୍ଭ ହେବା ପୂର୍ବରୁ ହିଁ
ପୁଣି ଆମେ ହାତ ଧରାଧରି ହୋଇ
ଆଗକୁ ପାଦ ବଢ଼ାଉ
ଆମର ପୃଥକ୍ ଲକ୍ଷ୍ୟମାନଙ୍କ ଆଡ଼କୁ
ଯାହା କେଉଁ ଅଦୃଶ୍ୟ ଲୋକରେ ଯାଇ
ଏକ ଓ ଅଭିନ୍ନ ହୋଇ ଯାଇଥାନ୍ତି

ସାଧ୍ୟାତୀତ

ତମ ଆଖିକୁ ଦେଖିଲେ
ମୋର ମନେ ହୁଏ
ଏପରି ଅନେକ ଅତଳ ଅଛି
ମୁଁ ଯେଉଁଠାରେ କେବେ ବି
ପହଞ୍ଚି ପାରିବି ନାହିଁ

ତମ ସହିତ କଥାବାର୍ତ୍ତା କଲାବେଳେ
ମୁଁ ହୃଦୟଙ୍ଗମ କରେ ଯେ
ତମକୁ କହିବାକୁ ଚାହୁଁଥିବା
ଅନେକ କିଛି କଥା ପାଇଁ
ମୋ ପାଖରେ କୌଣସି ଶବ୍ଦ ନାହିଁ

ତମ କଥା ଭାବିଲେ ମୁଁ ଜାଣେ
ତମର ଦେହର ଭୂମଣ୍ଡଳରେ
ଲୋକଲୋଚନକୁ ଆସି ନଥିବା
ଅନେକ ଅନାବିଷ୍କୃତ ମହାଦେଶ
ଯାହା ମୋ ପାଇଁ ଚିରଦିନ
ରହସ୍ୟମୟ ରହିଯିବେ

ଆକାଶ ଫେରାଇ ଦେଇଥିବା
ମୋର ଦିଗ୍‌ଭ୍ରାନ୍ତ ସ୍ତୋତ୍ରମାନେ
ଯେଉଁ ଆଧାର ଖୋଜୁଥିବେ
ସେମାନେ କେବେ ବି ପାଇ ପାରିବେ ନାହିଁ
ତମର ନିଶ୍ୱାସରେ ଅଟକି ଯାଇଥିବା
ସେଇ ଶୁଭ ମୁହୂର୍ତ୍ତମାନଙ୍କୁ

ମୋର ନଷ୍ଟ ହୋଇ ଯାଇଥିବା
ଜୀବନର ବ୍ୟତୀତ କ୍ଷଣମାନଙ୍କୁ
ତମେ ଯେତେ ଉଦାରତାର ସହିତ
ମାର୍ଜନା କରି ଦେଲେ ବି
ମୁଁ କଦାପି ପହଞ୍ଚି ପାରିବି ନାହିଁ
ତମର ଅନୁଭବର ସୀମାଦେଶରେ

ତମେ ଦେଇଥିବା ଆନନ୍ଦମାନଙ୍କରେ
ମୁଁ ବାରମ୍ବାର ରୁଦ୍ଧଶ୍ୱାସ ହେଉଥିବି
କିନ୍ତୁ କସ୍ମିନ କାଳେ ପାଇବି ନାହିଁ
ପ୍ରାପ୍ତିର ପ୍ରତ୍ୟାଶା ବାହାରେ
ମୋର ଚରିତାର୍ଥ ପରିତୃପ୍ତିକୁ

ତମକୁ ଜାଣିବାର ଆରମ୍ଭ
ଓ ମୋର ମୃତ୍ୟୁ ଅବଧି
ତମେ ଉଦାର ହୃଦୟରେ ଉଜାଡ଼ି ଦେଇଥିବା
ବିଭିନ୍ନ ପ୍ରକାରର ସୁଖାନୁଭବ
କେବେ ବି ସମ୍ଭବ ନୁହେଁ ଏକାଠି କରିନେବା
ମୋର ସମସ୍ତ ସମୟ ଇଚ୍ଛା ଓ ଶ୍ରମ ଦେଇ
ଗୋଟିଏ ମାତ୍ର ଜୀବନକାଳରେ

■

ଏକାନ୍ତ

ଆତ୍ମମନନ ଭିତରୁ ଆଖି ଖୋଲି
ଆଗକୁ ଅନାଇଲା ବେଳକୁ
ଚିହ୍ନା ଲୋକସବୁ ଚାଲି ଯାଇଥାନ୍ତି
ଖୋଜୁଥିବା ଭିଡ଼ ଆଉ ନ ଥାଏ
କେଉଁ ଅଜଣା ସହରର
ଛୁଟି ଦିନର ଛକରେ ଠିଆ ହୋଇ
ଆଖପାଖକୁ ଅନାଇଲେ
କିଛି ଆଉ ଦେଖାଯାଏ ନାହିଁ
ବନ୍ଦ ଦୋକାନମାନଙ୍କ ବ୍ୟତୀତ

ରାତି ଆଠଟାର ସମାଚାର
ଘଟଣାରେ ଭରପୂର ଦିନଟିକୁ
ଗୋଟାଇ ନେଇ କେଉଁଆଡ଼େ ଚାଲିଯାଏ
ବାହାରେ ଅନେକ ଜନ୍ମ ଜନ୍ମାନ୍ତର
ଗୁମୁସୁମ ହୋଇ ରହିଥାନ୍ତି
ସମୁଚିତ ସମୟର ଅପେକ୍ଷାରେ
ବନ୍ଦ ଘର ଭିତରେ ଘୁମୁରୁଥାଏ
ବଳକା ଆୟୁଷର ହାହାକାର

କେହି ହେଲେ ଆସୁଥିବ ଭାବି
କବାଟ ଖୋଲି ବାହାରକୁ ଦେଖିଲେ
ଖାଁ ଖାଁ ସଡ଼କ ଦୂରକୁ ଚାଲି ଯାଇଥାଏ
ଆରପାଖର ଛମଛମ ଅନାବାଦୀରେ
ମେଘ ଛାଡ଼ି ଯାଇଥିବା ଆକାଶରୁ ଓହ୍ଲାଇ
ଜହ୍ନ ଆଲୁଅ ଶୋଇ ଯାଇଥାଏ
ଜାକିଜୁକି ହୋଇ ଗୋଟିଏ କଣରେ

ପିଲାଦିନର ଇତିହାସ ବହିରୁ
ଦୁର୍ଦ୍ଧାନ୍ତ ଆକ୍ରମଣକାରୀମାନେ ଆସି
ଛୋଟ ଛୋଟ ଦୈନନ୍ଦିନତାକୁ
ଛିନଛତ୍ର କରିଦେଇ ଯାଆନ୍ତି
ବୟସ୍କ ହେବାର ଉତ୍ଥାନ ପତନ ଦେଇ
ନିଜ ଭିତରକୁ ଖୋଜିଲେ
ଜୀବନ ସେଠାରେ ମେଲା ପଡ଼ିଥାଏ
ଜୀର୍ଣ୍ଣ ଓ ନିସ୍ପନ୍ଦ ହୋଇ
ପରିତ୍ୟକ୍ତ ପ୍ରତ୍ନତାତ୍ତ୍ୱିକ ଇଲାକା ଭଳି

ନିଜକୁ ନିଜର ଅସହାୟତା ପାଖରେ
ସଂପୂର୍ଣ୍ଣ ଭାବରେ ସମର୍ପଣ କରିଦେଇ
ଆଖି ଏବେ କେବଳ ଦେଖିପାରେ
ନିଜର ନିର୍ବାଣ ଆଡ଼କୁ ଅନାଇଥିବା
ମହାକାଳର ସୂକ୍ଷ୍ମାତିସୂକ୍ଷ୍ମ ବୁଦ୍‌ବୁଦକୁ
ଅଭାବମାନଙ୍କରେ ପରିପୂର୍ଣ୍ଣ
ଅନ୍ତସ୍ଥଳର ଶୂନ୍ୟ ସ୍ଥାନଟିରେ

■

ଦ୍ୱୀପ ନାହିଁ

ଗଛରୁ ପତ୍ରଟିଏ ଖସିପଡ଼ିଲେ
ଅନ୍ତରୀକ୍ଷରେ ହୁଲସ୍ଥୁଲ ହୁଏ
ହାତର ପାପୁଲି ଉପରେ
ରେଖାଟି ସାମାନ୍ୟ ବିଚଳିତ ହେଲେ
ଗ୍ରହ ନକ୍ଷତ୍ରମାନେ ସେମାନଙ୍କର
ଗତିପଥ ବଦଳାଇ ଦିଅନ୍ତି

କେଉଁ ଦୂର ଉପସାଗରର
ଲହରୀର ସାମାନ୍ୟ କଂପନ
ଯାଇ ଗତିଶୀଳତା ଦିଏ
ମେରୁ ଦେଶରୁ ଉଡ଼ି ଆସୁଥିବା
ଦଳ ଦଳ ପକ୍ଷୀଙ୍କ ଡେଣାରେ

କେବେ ଆଲୋକବର୍ଷ ଭେଦି
କେଉଁ ଦୂରଦର୍ଶୀ ମହର୍ଷିଙ୍କର
ଆଶୀର୍ବାଦ ଆସି ଚମକାଇ ଦିଏ
ଏ ପର୍ଯ୍ୟନ୍ତ ଜନ୍ମି ନ ଥିବା
ଶିଶୁମାନଙ୍କର ଭବିତବ୍ୟକୁ

ସାରାଯେଭୋରେ ଚାଲୁଥିବା ଗୁଳି
ଦେଶ ମହାଦେଶକୁ ଲଂଘି
ଆସି ବିଦ୍ଧ କରିଯାଏ
ଶାନ୍ତି ଶୋଭାଯାତ୍ରାରେ ଯାଉଥିବା
ଅଜଣା ଲୋକର ଛାତିକୁ
ସୋମାଲିଆ ଓ କଳାହାଣ୍ଡିର
କେବେ ବି ସରୁ ନଥିବା ଭୋକ
ଯାଇ ଅଯାଚିତ ବିଞ୍ଚିପଡ଼େ
ରାଜଧାନୀରେ ବାତାନୁକୂଳିତ ଘରର
ଖାଇବା ଟେବୁଲ ଉପରେ

ଅପାଂକ୍ତେୟ ଦେହର ଜୀବାଣୁ
ସଂକ୍ରମିତ କରିଦିଏ
ନୀଳରକ୍ତର ଆସ୍ପର୍ଦ୍ଧାକୁ
ତୃତୀୟ ପୃଥିବୀର ଦୀର୍ଘଶ୍ୱାସ
ଅକ୍ଷାଂଶ ଦ୍ରାଘିମା ନ ମାନି
ଦୁଃସ୍ୱପ୍ନ ହୋଇ ପଶିଯାଏ
ସମ୍ଭ୍ରାନ୍ତ ମହାନଗରୀର ସୁଖ ନିଦ୍ରାରେ

ଆଉ କୌଣସି ଦ୍ୱୀପ ନାହିଁ
ଗୋଟିଏ ମାତ୍ର ଲୌକିକ କ୍ରମରେ
ହାତରେ ହାତକୁ ଧରି
ସମସ୍ତେ ଠିଆ ହୋଇ ରହିଛନ୍ତି
ଶୃଙ୍ଖଳାବଦ୍ଧ ହୋଇ
ସବୁଠାରୁ ଅସହାୟ ଲୋକଟିର
ଦୁଃଖରେ ଜଡ଼ୀଭୂତ ହୋଇ

■

ମୁକ୍ତ ଛନ୍ଦ

ଇଚ୍ଛା ଛଟପଟ ହେଉଥାଏ
କେବଳ ସ୍ୱର ମନେ ପଡୁଥିବା
କେଉଁ ପୁରୁଣା ଗୀତର
ଆରମ୍ଭ ଖୋଜୁଥିବା ଶେଷ ଧାଡ଼ି ଭଳି

ସ୍ୱତଃସ୍ଫୂର୍ତ୍ତ କବିତାର ଦେହ
ପ୍ରବହମାନ ରହିଥାଏ
ସାବଲୀଳ ଧାରା ଭଳି
ସ୍ୱରଲିପିର ଉତ୍ଥାନ ପତନକୁ
ଶ୍ୱାସ ପ୍ରଶ୍ୱାସରେ ନେଇ

ବ୍ୟାକରଣର ନିୟମ ନ ମାନି
ହାତ ଖୋଜିନିଏ ଛାତି ଭର୍ତ୍ତି ଶବ୍ଦର
ଅଳଙ୍କାରବଦ୍ଧ ଶୃଙ୍ଖଳାକୁ
ଚିତ୍ରକାବ୍ୟ ବାନ୍ଧରୁ ବାହାରି
ଦେହ ନିଜର କରିଦିଏ
ଧ୍ୱନି ଲହରୀରେ ହଜି ଯାଇଥିବା
ରୂପ ବିନ୍ୟାସର ଆଙ୍ଗିକକୁ

କୌଣସି ବିରାମ ନ ମାନି
ସଂଗୀତ ଅଗ୍ରସର ହେଉଥାଏ
ନିଜର ଅନିବାର୍ଯ୍ୟ ସମାପ୍ତି ଆଡ଼କୁ
ସମୟ ଆଉ ଏକାଗ୍ର ରହି
ତାଳ ରଖି ପାରେ ନାହିଁ
ଆରୋହ ଅବରୋହ ଦେଇ
ଊର୍ଦ୍ଧ୍ୱରୁ ଊର୍ଦ୍ଧ୍ୱକୁ ଉତ୍ତୀର୍ଣ୍ଣ
ଦ୍ୱୈତଗାନର ଐକତାନ ସହିତ

ସଂଗୀତର ସର୍ବୋଚ୍ଚ ବିନ୍ଦୁଟି
ପରିପୂର୍ଣ୍ଣତାର ଚରମ ମୁହୂର୍ତ୍ତରେ
କଣ୍ଠରେ ଯାଇ ଅଟକିଯାଏ
ଛନ୍ଦପତନର ଚିତ୍କାର ହୋଇ

■

କଳା ଦର୍ଶନ

ନାକ ଉପରକୁ ଖସି ଆସିଥିବା
ଚଷମାକୁ ଠିକ କରିବା ଏକ କଳା
କପାଳ ଉପରେ ଅସ୍ତବ୍ୟସ୍ତ ବାଳକୁ
ସାଉଁଳାଇ ସଜାଡ଼ିବା ଏକ କଳା
ପ୍ରଶ୍ନର ଉତ୍ତରରେ ଓଠରେ ହାତ ଦେଇ
ଦୂରତ୍ୱକୁ ଅନାଇବା ଅନ୍ୟ ଏକ କଳା

ଆଖି ଆଗରେ ସବୁବେଳେ
ଏଇପରି କଳାକୌଶଳ ଚାଲିଥାଏ
ରଂଗ ଛାଡ଼ି ଯାଇଥିବା କାନ୍ଥରୁ
ବିମୂର୍ତ୍ତ ଆଲେଖ୍ୟ ବାହାରି ଆସେ
ଝରକା ବାହାରେ ଏକାକୀ ପକ୍ଷୀଟି
ବିଜୁଳି ତାର ଉପରେ ଆଙ୍କିଦିଏ
ଶରତ ଋତୁର ରେଖାଚିତ୍ର
ଦୂର ଟ୍ରାଫିକ କୋଳାହଳ ଭିତରୁ
ସହଜ ସ୍ୱରଲିପି ଭାସି ଆସେ
ଖବର କାଗଜର ବର୍ଣ୍ଣମାଳା ଭିତରୁ
କବିତାର ଧାଡ଼ି ଉଙ୍କିମାରେ

ନୃତ୍ୟର ମୁଦ୍ରା ଫୁଟି ଉଠେ
ପ୍ରତ୍ୟେକଟି ଅଂଗ ସଂଚାରରେ
ମୁହଁ ଉପରେ କାରୁକାର୍ଯ୍ୟ କରିଯାଏ
ସଂଜର ବାଟଭୁଲା ଆଲୁଅ

କେବଳ ମନ୍ତ୍ରାଛନ୍ନ ଦର୍ଶକ
ବିସ୍ଫାରିତ ଆଖି ଦେଇ ଦେଖୁଥାଏ
ବିଚକ୍ଷଣ କଳାନୈପୁଣ୍ୟର
ଗୋଟିଏ ଗୋଟିଏ ନିଦର୍ଶନ
ଯେପରି ଉଦ୍ଦେଶ୍ୟହୀନ ଭାବରେ
ହାତକୁ ଆଗକୁ ବଢ଼ାଇ
ସମୟକୁ ଅଟକାଇ ଦେବା
ସୀମାନ୍ତ ସ୍ୱପ୍ନମାନଙ୍କୁ ନେଇ
ଆଖି ଭିତରେ ଏକାଠି କରିବା
ପାପୁଲି ଉପରେ ଅନାୟାସ
ଭାଗ୍ୟକୁ ଧରି ନଚାଇବା
ଓ ପୁଣି ହଠାତ୍
ଅତି ସାଧାରଣ ଦୃଷ୍ଟିପାତରେ
ଏ ସବୁକୁ ସଂପୂର୍ଣ୍ଣ ବିଲୁପ୍ତ କରିଦେବା

■

କିଛି ଖରାବେଳେ

କିଛି ଖରାବେଳେ
ଈଶ୍ୱର ହଠାତ୍ ମନେ ପଡ଼ନ୍ତି
ଯେତେବେଳେ ତର୍କ ବିତର୍କ ଶେଷରେ
ସିଦ୍ଧାନ୍ତସବୁ ନିଷ୍ଫଳ ରହିଯାନ୍ତି
ଶେଷ ଗୋଲକଧନ୍ଦା ବାହାରେ

ଅନ୍ଧାର ଆସି ମାଡ଼ିପଡ଼େ
ସୂର୍ଯ୍ୟର କାଳିମାସବୁ ଯେପରି
ମର୍ତ୍ତ୍ୟ ଉପରକୁ ଓହ୍ଲାଇ ଆସନ୍ତି
ନିଜର ଅପରାଧ ବୋଧରେ ନଇଁଯାଇ

ଝଂକା ବରଗଛର ଅବସାଦ ତଳେ
ଗୁମସୁମ ହୋଇ ବସି ରହିଥିବା
ଗ୍ରାମ ଦେବତୀର ବିଗ୍ରହ ଚାରିପାଖେ
ଛୋଟ ଛୋଟ ମନସ୍କାମନାର ଫୁଲ
ନୈରାଶ୍ୟରେ ଝାଉଁଳି ପଡ଼ନ୍ତି
ପବନ ସେଠାରୁ ମୁହଁ ମୋଡ଼ି
ନଈ ପଠାର ନିଷ୍ପାପକୁ ଚାଲିଯାଏ

ଅସମୟ ଋତୁମାନଙ୍କର
କୌଣସି ଦାୟିତ୍ୱ ନଥାଏ
ମନ ଭିତରର ଅପନ୍ତରା ଉପରେ
ସେମାନେ ଯା ଆସ କରନ୍ତି
ଫୁଲ ଫୁଟିବାର ଓ ମଉଳିବାର
ପର୍ବମାନଙ୍କୁ ଅବଜ୍ଞା କରି

ବିଗତ ଦିନର ଅସମର୍ଥିତ ସମ୍ବାଦ
ରଟିଯାଏ ଶିରା ପ୍ରଶିରାରେ
ଏବଂ ଶେଷରେ କୌଣସି ସାନ୍ତ୍ୱନା ନ ପାଇ
ଦିଶାହୀନ ସ୍ରୋତ ଭଳି ହଜିଯାଏ
ବିଚାର ବିଶ୍ଳେଷର ବାଲିଚରରେ

କେଉଁ ଆବହମାନ ଅପମାନରୁ
ପଳାଇଆସି ଆଶ୍ରୟ ଖୋଜୁଥିବା
କାନ୍ଦମାନଙ୍କୁ ଫେରାଇ ଦିଏ
ଅନୁଭବ କରିବାର ଅସାମର୍ଥ୍ୟ

କିଛି ଖରାବେଳେ
ଏପରି ସବୁ କଥା ମନକୁ ଆସନ୍ତି
ଯାହା କସ୍ମିନ କାଳେ
ଈଶ୍ୱରଙ୍କୁ ମଧ୍ୟ କୁହାଯାଇ ପାରିବ ନାହିଁ

■

www.ingramcontent.com/pod-product-compliance
Lightning Source LLC
Chambersburg PA
CBHW060504080526
44584CB00015B/1542
* 9 7 8 1 6 4 5 6 0 0 3 1 2 *